초역
아리스토텔레스의 말

초역
아리스토텔레스의 말

이채윤 엮음

읽고 싶은 책

🖋 들어가는 말

아리스토텔레스는 학자 중에서 가장 큰 행운을 안은 사람이다.
그는 플라톤이라는 '철학의 제왕'을 스승으로 두었고, 알렉산더 대왕
이라는 '역사상 최고의 정복왕'을 제자로 두었다.

아리스토텔레스는 17세의 플라톤의 아카데미아에 들어가서 20
년 동안 수학하면서 서양 문명의 토대가 되는 그리스적 학문의 체계
를 세웠다. 37세 때, 스승 플라톤이 세상을 떠난 후에는 마케도니아
왕자 알렉산더의 스승이 되었다. 그는 13세의 어린 왕자에게 '정치
학'을 비롯한 '제왕학'을 가르쳤다.

20세에 마케도니아 왕에 등극한 알렉산더는 그리스를 평정하고,
당시 최대의 제국인 페르시아를 제압했으며, 인도까지 진출하는 정
복왕이 되었다. 그 무렵 아리스토텔레스는 아테나이에서 리케이온
이라는 자신의 학당을 차렸다. 알렉산더 대왕의 지원을 받은 리케이
온은 아카데미아를 능가하는 학당으로 성장했다.

리케이온에는 훌륭한 도서관이 있었고, 방대한 자료 보관실이
있었다. 아리스토텔레스는 이곳에 방대한 장서를 수집해놓았는데,
그 가운데에는 수많은 지도와 외국의 헌법, 동식물의 표본도 포함되
어 있었다. 아리스토텔레스는 12년 동안 리케이온을 이끌면서 강의
를 하고 그의 주요 사상들을 발전시켰다. 지금까지 남아 있는 아리
스토텔레스의 저작들은 대부분 이 학원에서 사용한 강의록을 제자
들이 편집한 것이다.

알렉산더 대왕은 스승을 위하여 아테나이에 동물원도 지어주고, 아시아로부터 진귀한 동물들을 공수해 주었다. 그것은 아리스토텔레스가 동물학, 식물학 체계를 세운 권위자였기 때문이다. 고래가 포유류라는 것을 처음 발견한 것도 아리스토텔레스였다.

아리스토텔레스는 정치학, 윤리학, 형이상학, 시, 연극, 음악, 생물학, 동물학, 물리학 등등 실로 다양한 과목을 가르쳤다. 아리스토텔레스는 학문의 분류를 세분화했고, 그렇게 세분화된 학문의 기초 개념을 확립했다. 그로 인해서 여러 인식 분야로 나누어진 복합적 학문 구조가 생겨났고 학문의 형태를 갖추게 되었다. 그가 분류하고 뼈대를 세우는 학문 체계는 유럽 문명의 토대가 되었다. 그 후 2000년간 아리스토텔레스의 학문 체계는 서양 사회를 지배했고 그는 '만학의 아버지'가 되었다.

그것은 아리스토텔레스 자연과 사회와 인간을 이해하기 위한 노력의 결실이었다. 그런데 그것이 모두 아리스토텔레스 개인만의 업적이었을까? 탈레스로부터 시작된 '소크라테스 이전 철학자'들의 그리스적 사유를 집대성할 수 있는 운명을 타고난 행운은 아니었을까?

물론 아리스토텔레스의 학자적 자질과 천부적 재능이 있었기에 가능한 일이었으나, 플라톤이라는 걸출한 스승과 알렉산더 대왕이라는 막강한 후원자가 있었기에 그는 '만학의 아버지'라는 타이틀을 거머쥘 수 있었을 것이다.

그는 모든 지식을 흡수한 경계가 없는 학자였으며 진정으로 '지식 제국의 정복자'였다. 시성(詩聖) 단테는 그를 가리켜 '박식한 자들의 스승'이라 칭했다.

그러나 알렉산더 대왕이 정복지에서 33살의 나이로 요절하자 역사상 가장 방대한 지역을 정복했던 거대한 제국은 무너졌고 아리스토텔레스의 운명도 바람 앞에 등불이 되었다. 아리스토텔레스는 그리스 본토 출신이 아닌 마케도니아 출신이었기 때문에 알렉산더 대왕의 죽음 이후 아테나이에는 반(反)마케도니아 정서가 팽배했다.

"나는 아테네 시민들이 철학을 죽이는 두 번째 죄를 저지르지 않기를 바라노라."

이것은 그가 아테네를 떠나며 남긴 말이었다. 소크라테스처럼 억울하게 죽기 싫어서 그는 아테네를 떠났던 것이다. 그는 에게 해의 어느 섬으로 거처를 옮겼는데 일 년 뒤 그곳에서 세상을 떠났다. 62세였다.

아리스토텔레스가 남긴 저작은 실로 방대하다.
아리스토텔레스의 글은 수백 권의 두루마리였는데, 현재 남아 있는 것은 30권의 2,000쪽가량이다. 고대의 책 목록을 보면 아리스토텔레스의 저작은 총 170여 권에 달하는 것으로 보인다. 그의 연구 분야는 물리학, 화학·생물학 동물학·심리학. 정치학·윤리학·논리학·형이상학·역사·수사학·시학 등 실로 거의 모든 부분에 걸쳐 있어서 오늘날에도 정치 및 철학을 비롯한 미술 평론에까지도 영향을 미치고 있다.

그는 삼단논법을 창시하면서 논리학의 체계를 세우고, 국가를 통치 운영하는 〈정치학〉을 지었으며, 인간다운 삶을 살아가는데 필요한 윤리학을 세웠다. 그의 사후 아들 니코마코스가 유고를 정리한

〈니코마코스 윤리학〉은 2400년이 지난 오늘날에 읽어도 모두 수긍이 드는 인간 윤리의 기본을 다루고 있다. 그래서 사람들은 〈니코마코스 윤리학〉을 역사상 최초의 인문 철학서이자 인류 최초의 자기계발서라 부르기도 한다.

아리스토텔레스는 플라톤처럼 지나치게 이상적인 관념론적 철학자가 아니었다. 라파엘로의 유명한 그림 〈아테네 학당〉에는 고대 그리스 시대를 풍미한 많은 철학자가 등장하는데 수장 격인 플라톤은 손끝으로 하늘을 가리키고, 아리스토텔레스는 땅을 가리키고 있다. 아리스토텔레스 철학은 플라톤의 이데아 즉, 천상 세계를 가르치는 이상주의보다는 상대적으로 현실적인 측면을 강조하는 주장이 많다. 그는 인간을 '사회적 동물'로서 규정했고, 그런 인간이 이 세상을 살아가면서 겪게 되는 돈 문제, 사랑, 쾌락, 우정, 건강, 고독, 병과 고통 같은 현실적인 고민에 많은 답을 주고 있다.

이 책은

아리스토텔레스의 〈니코마코스 윤리학〉·〈정치학〉·〈수사학〉·〈형이상학〉·〈영혼에 관하여〉·〈시학〉 등을 기반으로 현대인들이 살아가는데 시금석이 될 만한 말들만 모아서 정리해 보았다. 2500년 동안 변하지 않은 인생살이의 진실이 이 안에 담겨 있다. 이 책을 마치고 보니 아리스토텔레스의 철학에는 요즘 자기계발서가 담고 있는 모든 말들이 담겨 있다는 것을 새삼 깨닫게 되었다. 독자 여러분이 이 책을 머리맡에 두고 자기계발서를 읽는 가벼운 마음으로 독파해 주시길 바란다.

✎ 목차

Ⅷ. 일과 삶에 대하여 _182

Ⅸ. 젊은이와 교육에 대하여 _212

Ⅹ. 시와 예술에 대하여 _228

I

행복에 대하여

Aristoteles

삶의 궁극적 목적은 행복인데
의견이 분분하다

우리가 삶에서 성취할 수 있는 가장 최고의 것은 무엇인가? 대중도 현인(賢人)도 행복이라고 말한다. 그것은 잘 사는 것, 잘 처세하는 것이다.

그러나 행복이 구체적으로 무엇인지에 대해서는 저마다 생각이 다르다. 특히 대중과 현인들은 서로 다른 답을 내놓는다. 대중은 눈에 보이고 손에 잡히는 부와 명예를 행복이라 여긴다. 그런데 그들도 저마다 의견이 다르다. 심지어 같은 사람이 다른 답을 내놓는 경우도 있다. 이를테면 병이 들면 건강을 행복이라 하고, 가난할 때는 부(富)를 행복이라 한다. 그리고 그들은 자신들이 무지함을 깨우치는 큰 이상을 말하는 현인을 존경한다. 우리는 우리에게 잘 알려진 것에서 출발해야 한다. 그런 출발점을 쉽게 찾지 못한다면 헤시오도스의 다음 말에 귀를 기울여보자.

가장 훌륭한 사람은 스스로 모든 것을 깨우치는 사람이고
옳은 말에 귀를 기울이는 사람 역시 훌륭하지만
스스로 깨우치지도 못하고
지혜로운 말을 듣고도 가슴에 새기지 못하는 사람은 쓸모없는 사람이다.

■ 윤리학

삶의 세 가지 행복 중 최고는
관조적인 삶이다

행복한 삶에는 세 가지 유형이 있다. 향락적 삶, 정치적 삶, 관조(觀照)적 삶이 그것이다. 우선 대부분의 사람들은 즐거움을 추구한다. 그들은 짐승에게나 어울릴 향락적인 삶을 선택함으로써 노예나 짐승과 다름없는 취향을 보여준다.

두 번째, 정치적 삶을 추구하는 사람들은 명예를 중시한다. 그들이 명예를 추구하는 것은 자신이 좋은 사람이라는 확신을 갖고 싶어서다. 그들은 자신을 알아주는 사람들에게 인정받고 싶어서 어떤 탁월함이나 미덕을 발휘한다. 그래서 명예보다는 미덕이 정치적 삶의 목적이 되기도 한다. 돈을 버는 삶을 강요 된 삶이다. 돈이란 다른 것을 얻기 위한 수단일 뿐이다. 차라리 우리는 돈으로 살 수 있는 유용한 것들을 궁극적 목적으로 삼아야 한다.

세 번째, 관조적인 삶은 미덕이 따르는 최선의 활동이다. 우리는 행복 속에는 즐거움이 있어야 한다고 생각한다. 미덕에 따른 활동 가운데 관조는 가장 지혜로운 활동이고 즐거움을 준다. 자족감이 가장 큰 것도 관조의 활동이다. 지혜로울수록 더욱 잘 관조한다. 지혜로운 사람은 한가함에 의존한다. 우리가 바쁜 것은 여가를 얻기 위해서고 전쟁을 하는 것은 평화롭게 살기 위해

초역 아리스토텔레스의 말

서다. 여가를 즐기고 관조적인 삶을 사는 사람은 그 진지함에서 뛰어난 가치를 지닌다. 하지만 이런 삶은 평범한 인간이 오르기에 높은 산일 수도 있다. 관조적 삶이 가져다주는 행복은 영속적이고 깊이가 있고 고요하다.

■ 윤리학

어떻게 해야
행복해질 수 있는가

행복은 신이 내려준 것이 맞다. 인간 세상에서 가장 좋은 곳으로 행복만한 것이 없다. 행복이 신의 선물이 아니라도 가장 신적인 것에 가깝다. 왜냐하면 '타고난 미덕'이 추구하는 것은 세상에서 가장 좋은 것이며 신적이고 축복된 것이기 때문이다. 더구나 그 행복은 많은 사람들이 공유할 수 있다. 외골수로 살지 않는 사람이라면 학습이나 노력에 의에서 행복을 얻을 수 있다. 그것은 운이 좋아서 행복한 것보다 낫다. 그리고 보면 세상 이치는 올바른 것이다. 자연은 원래 고귀한 본성을 지니도록 만들어졌고 행복의 원인과 결과도 그 고귀함을 쫓는다. 행복의 문제에 대한 해답은 우리 정신의 유덕한 활동에서 시작된다. 행복의 필수 전제 조건은 선한 인간 그리고 고귀한 행위를 할 수 있는 인간이 자연스럽게 행복을 추구하고 그것에 심혈을 기울일 수 있게 해주는 것이다.

■ 윤리학

행복한 활동이 바로
즐거움이고 쾌락이다

어떤 종류의 쾌락은 행복의 조건이기도 하다. 고통은 나쁜 것이고 당연히 피해야 한다는데 누구나 동의한다. 고통은 행복한 삶을 추구하는데 걸림돌이다. 그래서 고통은 해 피해야 할 나쁜 것이고 그것의 반대는 좋은 것이다. 그러므로 즐거움은 필연적으로 좋은 것이다. '보다 큰 것'이 '보다 작은 것'에 반대되고 '중간 것' 또한 반대가 되듯이, 즐거움이 쾌락과 고통 둘 다의 반대가 된다는 생각은 여기서는 통하지 않는다. 쾌락이 본질적으로 악의 일종이라고 주장할 사람은 없기 때문이다. 비록 어떤 쾌락이 나쁜 것이라 해도 다른 쾌락이 즐거움과 행복을 가져다. 주고 최고선(善)이 되지 말라는 법은 없다. 그것은 마치 지식 가운데 나쁜 지식이 있지만 어떤 지식은 최고선이 될 수도 있는 것과 같다. 우리가 어떤 상태에서든지 방해받지 않는 본성적 활동을 할 수 있다면, 그 방해받지 않는 활동이 가장 바람직한 행복이라 할 수 있다. 이런 행복한 활동이 바로 즐거움이고 쾌락이다. 대부분의 쾌락이 나쁜 것이라 해도 최고선은 일종의 쾌락일 수도 있다. 모든 사람들이 행복한 삶을 즐겁다고 생각하고 쾌락을 행복의 구성요소라고 여기는 것은 당연한 일이다. ■ 윤리학

우리는 가장 뛰어난 것을
행복이라고 부른다

최선의 활동 가운데 행복이 있다. 고귀한 행동을 보고 즐거워하지 않는 사람은 좋은 사람이 아니다. 올바른 행위가 즐겁지 않은 사람을 누가 올바르다 하겠으며 후덕(厚德)한 행위가 즐겁지 않은 사람을 누가 후덕하다고 하겠는가? 이치가 그렇다면 미덕에 따른 행위는 그 자체로 즐거운 것이다. 행복은 세상에서 가장 좋고, 가장 고상하고, 가장 즐거운 것이다. 행복을 이런 속성들은 델로스 섬에 새겨진 비명(碑銘)처럼 서로 분리되어 있는 것이 아니다.

　　가장 고귀한 것은 정의로운 것이고
　　가장 좋은 것은 건강이다.
　　그러나 가장 즐거운 것은 우리가 바라던 것을 얻는 것이다.
　　그래서 최선의 활동에는 이런 속성이 모두 포함되어 있다. 그리고 우리는 이 활동 가운데 가장 뛰어난 것을 행복이라고 부른다.

■ 윤리학

행복은 생애 전체를 통해서
성취되는 것이다

진정한 행복이란 정신적 활동을 통해서 이루어 가는 것이다. 우리는 소나 말 그런 동물들을 행복하다고 하지 않는다. 어떤 동물도 정신적인 활동을 하지 않기 때문이다. 그런 의미에서 어린아이도 행복과는 거리가 멀다. 어린아이는 아직 정신적 활동을 하지 못한다. '행복한 아이'라고 불리는 어린아이는 우리의 소망 때문에 행복한 아이가 될 뿐이다. 왜냐하면 행복은 정신적인 것이고 완전한 미덕과 노력이 필요한 것이기 때문이다. 행복은 생애 전체를 통해서 정신적 활동을 하면서 비로소 성취되는 것이다.

■ 윤리학

행복은 오락이
아니다

행복은 오락이 아니다. 사실 우리의 목적이 즐거움뿐이라면 이상할 것이다. 우리가 단지 우리 자신을 즐겁게 하기 위해 평생 노동을 하고 고난을 겪는다면 정말 이상할 것이다. 행복한 삶은 미덕에 부합하는 삶이어야 한다. 그것은 노력이 수반되는 삶이고 재미로 소비되는 인생이 아니다.

■ 윤리학

운명 그리고
행복

솔론은 그 사람의 마지막을 보아야 알 수 있다고 말했다. 그렇다면 인간은 죽은 뒤에야 비로소 행복해진단 말인가? 어이없는 소리다. 누구도 죽은 자를 두고 행복하다고 하지 않는다. 솔론도 그런 뜻으로 말한 것이 아니라, 한 인간이 죽었을 때 비로소 인간사이의 온갖 재앙과 부조리에서 벗어나 안심하고 행복을 기릴 수 있다는 이야기를 한 것일 것이다. 문제는 죽은 사람의 의지가 자신의 행복을 논할 수 없다는 데 있다. 어떤 사람이 노년에 이르기까지 지극히 행복하게 살아왔고 그의 생에 합당한 죽음을 맞이했더라도 수많은 변수가 작용된다. 예컨대 그 자손 가운데 명예와 불명예, 행운과 불운이 뒤섞여 죽은 사람이 평판이 달라지는 수가 있다. 만약 죽은 사람이 이런 우여곡절에 휘말려 어떤 때는 행복한 자가 되고 어떤 때는 불행한 자가 되는 것은 부조리한 일이다. 그렇다고 자손의 행복과 불행이 조상의 행복에 아무런 영향도 끼치지 않는다는 것도 인간사에서는 부조리한 일이다.

■ 윤리학

행복한 사람이란
능력이 있는 삶을 영위하는 사람

행복한 사람이란 능력이 있는 삶을 영위하는 사람이다. 잠재력에 지나지 않는 것이 아니라 무언가를 이루어내는 활동이어야 한다. 그것은 그 사람의 탁월성과 조화를 이루어야 한다. 만일 다수의 탁월성이 어우러진다면 가장 완전한 행복을 이룰 수 있다. 한 사람의 인생에 있어서 그것은 짧은 기간만이 아니라 전생에 걸쳐서 나타나야 한다.

■ 윤리학

자기 자신의 행복이
최고선이다

사람은 누구나 자기 자신의 생명이 살아 숨쉬며 유지되는 가운데 자기 생명과 영혼이 합일하는 기쁨이 생기기를 바란다. 누구든 있는 대로의 자신이어야 한다. 선한 사람은 자기 자신과 더불어 살기를 바란다. 이것이 가장 큰 행복이고 즐거움이다. 자신을 영혼 속에 있는 '지성적으로 인식하는 것'으로써 더욱 자기답게 만들어 나가고 최고선인 행복을 살아가는 이리라고 여긴다. 과거의 일들과 여러 가지 행위에 대한 추억은 흐뭇하고, 미래에 대한 기대는 선한 즐거움으로 충만하다. 그런 정신은 순수한 관조의 대상을 많이 간직하고 있기도 하다. 또한 그는 다른 누구보다도 자신과 함께 슬퍼하며 함께 기뻐한다. 자신에 대한 친애를 느끼는 자는 고통의 크기나 쾌락의 크기가 언제나 같을 뿐 때에 따라 그것이 달라지지 않는다. 자기 자신의 행복을 쟁취한 자는 후회하지 않아도 되는 사람이다.

▒ 윤리학

행복은 궁극적으로
자족적인 것이다

명예, 쾌락, 지성 등의 덕목을 선택할 때 우리는 그것들이 특별한 이득을 가져다 주지 않더라도 선택하는 경우가 있다. 그 자체를 원하기 때문에 선택하기도 하고 그것 때문에 행복해질 수 있다는 기대를 갖고 있기 때문이다. 궁극적인 미덕은 자족(自足)이다. 행복은 궁극적으로 자족적인 것이고, 그것은 우리가 행하는 모든 행동의 목적이다.

■ 윤리학

노력이 따르는 탁월한 활동이
성공과 행복을 가져다준다

인생의 성공이나 실패는 운에 따르는 것이 아니다. 운은 단지 부수적인 요소일 뿐이다. 단순한 행운이 아니라 노력이 따르는 탁월한 활동이 성공과 행복을 가져다준다. 요행만 바라는 그 반대의 활동은 불행을 불러올 것이다. 인간의 성취 중에서 꾸준히 행동하는 미덕만큼 안정성을 갖는 것도 없다. 이러한 활동들은 여러 가지 학문적 지식보다도 더 지속적인 것으로 보인다. 이런 경험에서 행복을 크게 느낀 사람은 영예로운 활동이 더 오래 지속하게 되는데, 이것이 우리가 행복한 전통을 이어 나가는 이유가 된다.

■ 윤리학

어떤 사람들은 행운을
행복과 동일시하기도 한다

우리가 최고의 선이라고 부르는 행복은 명백하게 추가적인 조건을 필요로 한다. 세상의 많은 일들이 어떤 뒷받침이 되지 않으면 고귀한 일을 행하는 것 자체가 불가능하거나 쉽지 않다. 많은 행동에 있어서 우리는 마치 도구를 통해 어떤 일을 수행하는 것처럼 친구나 재물이나 정치적 세력을 활용한다. 이를테면 살아가는 데는 좋은 태생, 훌륭한 자식, 준수한 용모를 갖추고 있으면 더 좋다. 용모가 추하거나 좋지 않은 태생이거나, 자식 없이 혼자 사는 사람은 온전히 행복하다고하기 어렵다. 또 불량한 자식이나 친구를 둔 사람, 착한 자녀나 친구가 있었지만 이미 죽어버린 사람은 행복과 거리가 멀다. 이런 까닭에 어떤 사람들은 행운을 행복과 동일시하기도 한다.

■ 윤리학

행복은, 활동은
생겨나는 것

행복은 일종의 활동인데 활동은 생겨나는 것이지, 어떤 소유물처럼 속하는 것이 아닌 것이 분명하다. 만일 행복이란 것이 우리의 활동 속에 깃들어 있고 선한 사람이 그 활동 자체에서 즐거움을 느끼고 있다면, 그런 사람을 친구로 둔 사람도 행복할 것이다. 이럴 때 우리는 선한 자기 자신의 행동을 자주 살펴보아야 한다. 이러한 조건을 채워주는 것이 친구인 선한 사람의 행위이기 때문이다.

■ 윤리학

개인이나
인류 전체로나

사람은 개인적으로나 인류 전체로나 어떤 목표를 갖고 있다. 거기에 따라 뭔가를 추구하거나 회피하며 살아간다고 해도 틀린 말은 아니다. 한 마디로, 목표라는 것은 행복과 그 구성 요소로 되어 있다. 따라서 우리는 행복이란 무엇이고, 그 구성 요소는 어떤 것인지 알아둘 필요가 있다. 인간의 모든 행위는 행복과 관련되어 있고, 그것이 행복에 기여하는 것이냐 방해하는 것이냐와 연관된다. 여기서 우리가 할 일은 행복을 파괴하거나 방해하거나 그와 반대되는 결과를 낳는 일은 해서는 안 된다는 것이다. 행복은 미덕을 실천하는 삶, 풍요로운 삶, 지극히 즐겁고 안전한 삶, 재물이 풍족하고 육신이 편안한 가운데 그런 것을 지키고 사용할 힘이 있는 것이다. 이 중에서 어느 하나 또는 여럿이 합쳐진 것이 행복이라는 것에 모두가 동의한다.

■ 윤리학

더 행복한 삶을
살 수 있으려면

행복한 사람이란 바르게 행동하면서 잘 사는 사람이다. 왜냐하면 우리는 사실상 행복을 좋은 생활이자 바르게 사는 행위라고 규정한 바 있기 때문이다. 행복의 특징은 모두 우리가 행복에 대해서 내린 정의 속에 들어 있는 것 같아 보인다. 즉 어떤 이는 행복을 덕이라 보기도 하고, 어떤 이는 분별력이라 보며, 또 어떤 이는 지혜라고 본다. 그리고 어떤 이는 행복이란 이와 같은 것들 혹은 이 중 하나에 쾌락이 따르거나, 혹은 쾌락이 없지는 않은 것이라 본다. 또 어떤 이는 외부적인 번영 같은 것도 포함시키고 있다. 이러한 견해들 가운데 어떤 것은 옛부터 많은 사람들 혹은, 소수의 이름난 사람들이 품었던 견해이다. 이 견해들 중 어떤 것도 전적으로 잘못되었다고는 생각할 수 없고, 적어도 한 가지 점에서 혹은 많은 점에서 옳은 것이라 할 수 있다. 행복을 덕, 혹은 여러 덕들 중 어떤 한 가지 덕으로 보는 사람들의 생각과 우리의 정의는 일치한다. 왜냐하면 덕에 기반한 활동은 덕에 속하기 때문이다.

■ 윤리학

고귀하고 좋은 것을
보는 눈

결국 성품이 다름에 따라 무엇이 고귀하고 좋은 것인지 보는 눈도 다르다. 선한 사람은 모든 일에서 참된 것을 보고 그것을 잘 가려내서 볼 것이며 다른 이들의 규범이 된다. 대개의 경우 과오는 쾌락 때문에 생긴다. 쾌락은 선이 아님에도 불구하고 선인 것처럼 보인다. 그래서 많은 사람들은 쾌락을 선으로 착각하여 선택하고, 고통을 악으로 보아 기피한다.

■ 윤리학

그 자체로 완전히
만족스러운 것

인간에게 좋은 것은 무엇인가? 그것은 인간 삶의 궁극적인 목적 또는 대상이어야 하고, 그 자체로 완전히 만족스러운 것이어야 한다. 행복은 이 설명에 들어맞는다. 그래서 우리는 항상 행복을 그 자체로 선택하고 다른 이유로는 선택하지 않는다.

■ 윤리학

노력을
수반하는 삶

행복은 오락으로 이루어지는 것이 아니다. 사실 인생의 목적이 즐거움뿐이라면 이상할 것이다. 만약 우리가 단지 우리 자신을 즐겁게 하기 위해 평생을 고생하고 고난을 겪는다면 말이다. 행복한 삶은 미덕에 순응하고 부합하는 삶이다. 그것은 노력을 수반하는 삶이며 재미로 시간을 보내지는 않는다.

■ 윤리학

빈곤

빈곤은 혁명과 범죄의 부모

■ 정치학

온전한 삶을
사는 사람

인간적 미덕에 따라 살고 있고, 어떤 우연한 기간이 아니라 살아
가는 내내 재화를 충분히 지니고 온전한 삶을 사는 사람은 행복
하다.

■ 윤리학

오락은
일종의 휴식

오락을 위해 힘을 쓰고 일을 한다는 것은 어리석고 완전히 유치한 짓인 것 같다. 그러나 아나카르시스의 표현대로, 스스로 힘을 발휘할 수 있도록 노력하는 것은 옳은 것 같다. 오락은 일종의 휴식이고, 우리는 계속 일할 수 없기 때문에 휴식이 필요하다. 그렇다면 휴식은 끝이 아니다. 그것은 활동을 위한 것이기 때문이다.

■ 윤리학

절대다수의
가장 큰 행복

좋은 성격은 행복의 필수 조건이자 가장 중요한 결정 요인이며, 그 자체가 모든 인간이 행동의 목표다. 개인이든 집단이든 모든 행동의 끝은 절대다수의 가장 큰 행복이다.

■ 윤리학

II

영혼과 중용에 대하여

Aristoteles

영혼이란 생명의
제일원리

우리는 지식을 아름답고 가치 있는 것으로 간주한다. 그 중 한 가지는 정확성 때문이고 다른 한 가지는 높은 존엄성과 경이로움 때문이다. 이 두 가지 면에서 우리는 영혼에 관한 탐구를 앎의 최전선에 놓는 것이 합리적일 것이다. 영혼에 관한 인식은 모든 진리 특히 자연을 이해하는데 큰 기여를 할 것이다. 왜냐하면 영혼이란 생명의 제일원리이기 때문이다. 우리 목표는 우선 영혼의 본질적 본성을 고찰하고, 둘째로 그것들의 속성을 이해하는 것이다. 이것들 가운데 어떤 것은 영혼의 고유한 속성을 드러내는 것도 있고, 반면 다른 일부는 영혼의 존재로 인해 생물에 내재하고 있는 것으로 여겨지는 것도 있다. 어디서, 어떤 방법을 통해서든 영혼에 관한 확실한 지식을 얻는다는 것은 세상에서 가장 어려운 일 가운데 하나다.

■ 영혼에 관하여

생명의 기본 속성은
영혼이다

영혼은 생명의 기본 속성이다. 영혼이 깃든 것은 영혼이 깃들지 않은 것과 두 가지 면에서 다르다. 그것은 바로 운동과 감각이다. 어떤 사람들은 스스로 움직여지지 않는 것은 다른 것을 움직일 수 없다고 믿었기에 운동하는 것에는 영혼이 있다고 주장한다. 그래서 데모크리토스는 영혼이 불 혹은 뜨거운 것이라고 주장했다. 레우키포스는 자연 전체를 구성하는 '씨앗원소'라고 했다. 어떤 사람은 영혼을 동물에게 운동을 주는 힘으로 간주한다. 사람들이 호흡은 그 증거라고 믿었다. 영혼이 깃든 것이 운동한다고 믿는 사람들은 존재자를 인식하는 감각에 주목한다. 감각은 운동을 인식하고 그 운동을 주도하는 영혼을 알고 싶어 한다. 거기서 지성이 나타났다. 아낙사고라스는 지성을 만물의 기본원리라고 보았다. 피타고라스 파 사람들은 영혼은 공기 중에 티끌이라고 했다. 어쨌든 영혼과 운동과 감각은 인간을 비롯한 생명을 이루는 가장 근본적 요소다. 영혼은 운동 능력인 동시에 인식 능력이다. 그것이 영혼의 속성이다.

■ 영혼에 관하여

영혼과 몸

영혼이 깃든 몸은 실체다. 영혼은 그 생명의 형상 또는 본질적인 속성 역할을 한다. 한마디로 재료와 형상이 결합된 실체다. 영혼이 깃든 몸은 살아있으면서 다른 물체들과 구분된다. 영혼이 제 기능을 발휘할 때는 몸이 살아서 행동할 때다. 사람은 자고 있을 때도 혼이 있지만, 그것은 완전한 현실태는 아니다. 도끼는 무엇인가를 찍어 내릴 때 제 역할을 하고 도끼의 영혼이 된다. 마찬가지로 자고 있을 때 사람의 눈은 시각 능력을 갖고 있지만 아무것도 보지 못한다. 하지만 영혼은 몸으로부터 분리될 수 없는 것이다. 영혼의 기능은 그 사람이 눈을 떴을 때 발휘되기 시작한다. 영혼이 깃든 몸은 실체다.

■ 윤리학

영혼은 정신적인 것을
지향한다

감각이 있는 곳에는 영혼이 깃들어 있다. 흔들리는 나뭇잎, 고양이의 까칠한 수염 끝에도 감각이 있다. 그러므로 영혼은 그들에게 깃들어 있다. 그런데 감각은 수동적인 면도 있고 능동적인 면도 있다. 주로 영혼의 중심은 능동적인 쪽에 있다. 감각은 물리적인 것이기도 하지만 순전히 정신적인 활동이기도하다. 손이 뜨거워지고, 눈이 바깥의 색채로 물들어도 그것을 감내하는 기관이 감각을 제어하고 반응을 준비한다. 영혼은 정신적인 것을 지향(指向)하기 때문에 감각 대상을 현실화한다. 실제로 일어난 일, 그 일이 일어나는 의도에 대해 예민한 촉각을 세운다.

■ 윤리학

미덕은 중간을
목표로 삼는다

사람들은 좋은 작품을 두고 더 할 것도 없고 뺄 것도 없다고 말한다. 과도함과 부족함은 작품이 좋은 점을 망치지만 중용(中庸)은 그것을 보존한다. 훌륭한 예술가는 이런 사실을 염두에 두고 작업한다. 자연과 예술이 그러하듯 미덕도 중간을 목표로 삼는다. 여기서 미덕이란 윤리적 미덕을 말한다. 감정과 행위와 관련된 것은 모두 도덕적 미덕이다. 행위 속에는 과도함과 부족함, 그리고 중간이 있기 마련이다. 예컨대 공포, 자신감, 욕망, 분노, 연민 등 일반적으로 즐거워하거나 고통스러워하는 일은 너무 많게도 너무 적게도 경험할 수 있는데 어느 쪽도 좋은 것은 아니다. 마땅한 때, 마땅한 일에, 마땅한 사람들에게, 마땅한 목적을 위해, 마땅한 방식으로 이런 것을 느끼는 것은 중용인 동시에 최선이며, 이것이 미덕의 특징이다. 감정과 행위에 있어서 과도함과 부족함은 일종의 실패이고, 중간은 칭찬받을 만한 일종의 성공이다. 칭찬받고 성공하는 것은 모두 미덕의 특징이다. 그래서 미덕은 중간을 목표로 삼는다는 점에서 일종의 중용이다.

■ 윤리학

중용은
긍지와 자부심

돈을 주고받는 일에서 중용은 재물을 관대하게 쓰는 것이다. 지나치면 낭비이고, 모자라면 인색함이다. 낭비가 심한 사람은 지출이 지나치고 수입이 적다. 반면 인색한 사람은 수입에 비해 지출이 적다. 돈에 관련해서는 다른 성향도 있다. 돈을 쓰는데 있어서 중용은 '통 큰 씀씀이'를 말한다. 통이 큰 사람은 후한 사람과 다르다. 통이 큰 사람은 돈을 쓰는데 있어서 많고 적음을 떠나 인색하지 않고, 후한 사람은 돈을 쓰는데 있어서 많고 적음을 떠나 낭비가 많다. 지나침은 사치고 인색하면 좀스럽다. 명예, 불명예에 대해서 말하자면 중용은 긍지와 자부심이고 지나침은 일종의 허영심이고 모자람은 소심함이다.

■ 윤리학

두 악덕 사이의
중용이 있다

도덕적 미덕은 중요하다. 과도함과 모자람이라는 두 악덕 사이의 중용이 있다. 중용이 그런 성질을 갖는 까닭은 감정과 행위의 있어서 중간을 겨냥하기 때문이다. 그래서 훌륭한 사람이 되기가 어렵다. 매사에 그 중간을 찾기란 쉽지 않다. 가령 원의 중심을 찾아내는 일은 누구나 할 수 있는 일이 아니다. 전문지식을 갖춘 사람 많이 찾아낼 수 있다. 마찬가지로 화를 내거나, 칭찬을 하거나, 돈을 주거나, 돈을 쓰는 일은 누구나 할 수 있지만, 적당한 사람에게 적당한 만큼, 적당할 때, 적당한 목적을 위해, 적당한 방식으로 일을 진행하는 것은 누구나 할 수 있는 일이 아니고, 쉬운 일도 아니다. 그런 까닭에 이런 일을 잘하는 사람은 드물고 칭찬받을 만한 고귀한 성품을 지닌 선택받은 사람이다. 중용을 목표로 삼는 사람은 칼립소가 충고했듯이 중간과 대립되는 것으로부터 멀어져야 한다.

저 거센 파도가 일으키는 물보라를 피해
노를 저어라! 배를 저어라!

■ 윤리학

영혼이란 생명을 가진
몸의 현실이다

영혼은 살아있는 신체의 원인이며 원리다. 영혼은 세 가지 의미
에서 신체의 원인이다. 첫째 운동의 원인이요, 둘째 목적으로서
의 원인이며, 셋째 생명의 본질로서의 원인이다. 따라서 우리는
먹이와 생식에 관해서 말해야 한다. 왜냐하면 신체는 영양을 섭
취해야만 살아갈 수 있고 영혼을 유지할 수 있다. 영양의 섭취는
다른 모든 생물들에게 또 발견 되며 영혼의 가장 보편적인 기능
이며 모든 생물에게 있어서 생명의 권리이기 때문이다.

■ 영혼에 관하여

영혼과 몸은 서로
구별되지 않으며

자연은 내부의 온기를 유지하기 위한 수단으로 숨을 사용한다.
또한 더 나은 삶을 위한 목소리를 내는데 숨을 사용한다. 따라서
목소리는 신체 부분별 안에 있는 영혼이 들이마신 공기를 목구멍
이라 불리는 곳으로부터 토해내지는 외침이다. 목소리는 일정한
의미를 가진 소리이며 기침처럼 단순히 들이마신 공기를 토해내
는 것이 아니다. 목소리는 영혼을 가진 것의 소리이다. 소리를 내
는 것은 어떤 곳을 향하여 소리를 내는 것이다. 숨을 들이 마시는
것과 숨을 토해내는 사이에 영혼이 깃든다. 숨을 멈출 수 있는 자
만이 영혼을 제어할 수 있다.

■ 영혼에 관하여

초역 아리스토텔레스의 말

한 마리의 제비가 날아온다고
봄이 오는 것이 아니다

훌륭한 인간이란 정신의 이성적 원리에 따르는 행위를 훌륭하게 수행하는 자다. 그런데 이성적 활동은 그 활동에 걸맞은 덕과 규범을 수행해야만 하는 가장 인간적인 행위다. 따라서 이성적 행위란 결국 덕과 일치하는 정신 활동이라 하겠다. 그리고 덕이란 것이 하나가 아니라 여러 가지가 있다. 그 중에서 가장 좋고 가장 완전한 이성적 미덕을 기반으로 하여 활동하는 것이 영혼이다. 그런데 이 영혼의 활동은 단기적인 것이 아니라 온 생애를 통한 노력으로 이루어지는 것이다. 한 마리의 제비가 날아온다고 봄이 오는 것이 아니듯이, 인간의 행복도 짧은 시간에 이루어지는 것이 아니다.

■ 윤리학

영혼의 아름다움을
보는 것은 쉽지 않다

영혼의 아름다움을 보는 것은 육체의 아름다움을 보는 것만큼 쉽지 않다.

■ 영혼에 관하여

영혼과 몸은
하나다

영혼과 몸이 하나인지는 질문할 가치도 없다. 그것은 밀랍과 문양이 하나인지 질문할 필요가 없는 것과 같다. 일반적으로 각 사물의 질료와 그 질료의 형상이 하나인지 물어볼 필요가 없듯이 말이다.

■ 영혼에 관하여

영혼은 육체를
지배한다

육체에 대한 영혼의 지배는 주인의 지배와 같다. 정신은 정치가나 군주와 같은 종류의 권위로써 욕망을 다스린다. 내적 생활의 영역에 있어서 육체가 영혼의 지배를 받는 것은 분명 자연스럽고 또 유익하다. 그러나 양자가 대등한 관계가 되거나 열등한 것이 지배하게 되면 언제나 좋지 않은 결과를 맞을 것이다.

■ 정치학

자연은 목적 없이는
아무것도 만들지 않는다

자연은 목적 없이는 아무것도 만들지 않으므로 자연에 의해 만들어진 모든 것은 인간을 위해서일 것이다. 그래서 사냥은 재산 획득 기술의 일부이며, 또한 전쟁의 기술도 재산을 얻는 자연적인 방식이다. 여기서 어떤 형태의 재산 획득도 자연이 인간에게 베푼 기술의 일부라는 결론이 나온다. 왜냐하면 그것은 인간이 살아가는 데 반드시 필요한 것이고, 국가나 가정을 위해 저장하고 조달해야 하는 유용한 것들이다. 진정한 부(富)는 그런 재물들로 구성되는 것 같다. 그리고 좋은 생활을 위하여 충족한 가재(家財)의 양은 무제한적인 것은 아니다. 이것을 솔론(Solon)은 다음과 같이 시로 읊었다.

사람들에게 부의 한계는 정해진 일도
알려진 일도 없다.

■ 정치학

인간적 미덕은
영혼의 탁월함

인간적 미덕은 신체의 탁월함이 아니라 영혼의 탁월함에서 나타난다. 그리고 행복도 우리는 영혼의 활동으로 본다. 영혼의 탁월함의 한 부분은 '지적 탁월'이고, 다른 한 부분은 '도덕적 탁월'이다. 지혜나 이해력, 실천적 지혜는 지적 탁월함이고, 관용이나 절제 등은 도덕적 탁월함이다. 우리가 어떤 사람의 품성을 말할 때 그가 현명하다거나 이해력이 뛰어나고 하지 않고, 온화하다거나 절제력이 있다고 말한다. 하지만 우리가 꼭 도덕적인 사람만 칭찬하는 것은 아니다. 지혜로운 사람을 칭찬할 때에도 우리는 이런 영혼의 상태에 그 근거를 둔다. 이처럼 칭찬받을 만한 정신 상태를 우리는 인간적 미덕이라 한다.

■ 윤리학

올바른
마음가짐

인간적 미덕은 중용 즉 올바른 마음가짐에서 나온다. 미덕은 본성상 어떤 행위를 하는 자신에게서 연원한다. 그러므로 미덕은 우리의 능력 범위 안에 있고 자발적인 것이며, 올바른 이성이 지시하는 대로 행한다. 그러나 행위와 마음가짐은 같은 의미에서 자발적인 것은 아니다. 왜냐하면 우리가 처음부터 끝까지 행위와 마음가짐을 통제하고 있다하더라도 질병의 경우처럼 그것이 진행되는 개별 단계들을 알 수 없다. 그러나 우리가 어떤 일에 어떻게 행동하느냐 하는 것은 우리에게 달려 있는만큼 마음가짐은 자발적이다.

■ 윤리학

중용은
용기

두려움과 태연함의 중용은 용기이다. 이 경우 지나치게 자신감이
넘치는 사람은 무모한 사람이고, 두려움이 지나치고 자신감이 모
자란 사람은 겁쟁이이거나 비겁한 사람이다.

■ 윤리학

중용은
절제

쾌락과 고통의 중용은 절제다. 그 지나침은 방종이다. 쾌락에 있어서 욕망이 모자란 사람은 흔치 않지만 그런 목석같이 무감각한 사람도 미덕을 지닌 사람이라고 할 수 없을 것이다.

■ 윤리학

올바른 이성이 탁월한
삶으로 이끈다

이성을 가진 사람은 목표라는 과녁을 지니고 있다. 그는 목표를 향해서 나아간다. 즉 그는 올바른 이성의 인도를 받는 목표를 향해 나아가는 수단을 갖고 있는데, 이 수단들은 지나침과 모자람 사이에 놓여 있다. 이들의 중간에는 중용이라는 기준이 있다. 그런데 이렇게 말하는 것이 진실이기는 하지만, 결코 명확하지 않다. 그 이유는 중용을 찾는 일이 말처럼 쉽지 않기 때문이다.

■ 윤리학

영혼의
특성

행복은 영혼의 특성이다... 물질적 상황의 기능이 아니다.

■ 영혼에 대하여

영혼의
작용

인간의 선은 완전한 삶의 탁월함에 있어서 영혼의 작용이다.

■ 윤리학

다른 모든 것을
능가하는 것

우리는 우리에게 '인간의 생각을 생각하는 인간이 되고, 인간의 생각을 생각하는 인간이 되는 것'을 충고하는 사람들의 말을 듣지 말아야 한다. 가능한 한 불멸을 믿고, 모든 신경을 그 가장 좋은 부분에 맞춰 긴장시켜야 한다. 그것은 덩치가 작지만, 그 힘과 명예가 다른 모든 것을 능가하는 것이다.

■ 윤리학

영웅적인 성질을
가진 사람

영혼의 아름다움은 그 사람이 침착함을 가지고 무거운 오점을 차례로 평정하며 견디면 빛을 발한다. 그 사람은 고결하고 영웅적인 성질을 가진 사람이기 때문에 연이어 고난을 당했을 때 빛을 발한다.

■ 윤리학

위대한 영혼은 역경을
이겨내며 단련된다

역경 속에서도 고귀함은 빛을 발한다. 반복되는 심각한 불행을
견뎌내고 인내하는 것은 인간이 무감각해서가 아니라 관대함과
영혼의 위대함 때문이다.

■ 윤리학

III

친구에 대하여

Aristoteles

친구는 서로 같은
것을 원한다

친구란 자신이 아닌 다른 누군가를 좋아하고, 상대방도 자신을 그렇게 여기는 사람이 서로 친구다. 좋은 일이 있을 때는 함께 즐거워하고, 괴로운 일 있으면 함께 괴로움을 나눌 수 있는 사람이 친구다. 좋은 것, 나쁜 것에 대한 생각이 같고, 좋아하고 싶어 하는 사람이 같은 사람들도 친구다. 왜냐하면 그들은 서로 관심사가 같은 것을 기대하기 때문이다. 자신뿐만 아니라 친구가 좋아하는 다른 사람에 대해서 동일한 희망을 품는 자도 친구다. 좋아하는 사람을 좋아하는 자들은 서로 좋아하게 된다.

■ 윤리학

악한 것은 사랑 받을 수도 없고
사랑 받아서도 안 된다

악은 결코 사랑받을 수도 없고 사랑받아서도 안 된다. 악을 사랑하는 사람이 되는 것은 사람의 의무가 아니다. 우리는 좋아하는 것이 소중한 것이라고 말해 왔다. 친구가 악행을 범한다면 그 우정은 곧 깨어져야 하는가? 아니면 모든 경우에 그런 것은 아니지만, 친구가 사악함을 극복 할 수 없을 때에 만 그럴 것인가? 친구는 이런 부류의 사람이 아니다. 그들이 스스로 개혁할 능력이 있다면, 이것은 우정의 더 좋고 특징적인 것이기 때문에, 오히려 그들의 성격이나 재산의 도움을 받아야 한다. 이것이 더 좋고 훌륭한 우정의 특징이기 때문이다.

■ 윤리학

우리가 친구가
되고 싶어 하는 사람들은

우리는 금전적인 도움을 주거나 어려운 처지에 있을 때 도움을 주는 사람들을 좋아한다. 누구나 관대하고 용감하고 정의로운 행동을 하는 사람들을 좋아한다. 또 남에게 의존하지 않고 스스로 노력해서 살아가는 사람들 그 중에서 농사를 짓거나 건실하게 사업에 임하는 사람들을 좋아한다. 그들은 절제할 줄 알고, 남에게 불의를 저지르지 않기 때문이다. 또 우리는 남의 일에 참견하지 않는 사람을 좋아한다. 우리가 친구가 되기를 바라는 사람들이 역시 우리의 친구가 되고 싶어 할 때 우리는 그들을 좋아한다. 우리는 도덕적 미덕을 지닌 사람들과 많은 사람들로부터 칭송받는 사람들과 친구가 되기를 원한다. 또한 우리는 유머 감각이 있고 농담을 받아들일 줄 아는 사람들, 붙임성 있고, 공연한 시비를 걸지 않는 사람들을 좋아한다.

■ 윤리학

친구를 친구답게
만드는 것

노인이나 성마른 사람은 쉽사리 친구가 되지 못한다. 그들 사이에는 즐거운 것이 별로 없기 때문이다. 누구도 자신에게 즐거움을 주지 않는 사람과 지낼 수는 없다. 고통스러운 것을 피하고 즐거운 것을 추구하는 것이 자연스러운 본성이기 때문이다. 그런데무엇인가 부족한 사람들이 함께 생활을 하다보면 서로 우호적인사이가 되는 경우가 있다. 왜냐하면 함께 생활하는 것만큼 친구를 친구답게 만드는 것은 없기 때문이다. 이제 그들에게 고독하게 지내는 것처럼 어울리지 않는 것이 없을 정도다. 무엇인가 부족한 사람끼리 지극히 다정하고 복된 시간을 보내기를 원하기 때문이다. 서로에게 즐겁지 않고 같은 것을 즐기지 못하는 사람들은 같은 생활을 할 수 없다. 동료가 친구가 되는 것은 같은 것을즐기기 때문이다. 따라서 선한 사람들의 우정이 최고의 우정이다. 무조건 선하거나, 무조건 즐거운 것은 사랑할 만한 가치가있다.

■ 윤리학

진정한 친구가
되려면

많은 사람과 동시에 완벽한 우정을 나눈다는 것은 불가능한 일
이다. 그것은 많은 연인과 동시에 연애를 할 수 없는 것과 같은
이치다. 진정한 친구가 되려면 서로를 깊이 경험해서 알게 되어
야 하는데 많은 사람을 만나면서 그러한 우정을 쌓기는 어려운
일이다.

■ 윤리학

다른 사람을
사귈 때

다른 사람을 사귈 때 어떻게 행동 하느냐에 따라 우리는 올바른
사람이 되거나 옳지 못한 사람이 된다. 또 위험에 부딪혔을 때 어
떻게 행동하느냐에 따라 겁쟁이가 되거나 용감한 사람이 된다.
욕망이나 노여운 상황에 처했을 때도 마찬가지다. 그 상황에서
어떻게 행동하느냐에 따라 절제 있고 온화한 사람이 되기도 하
고, 방종하고 성급한 사람이 되기도 한다.

■ 윤리학

친구는
제2의 자아

친구는 제2의 자아이기 때문에 친구의 존재에 대한 우리의 의식은 우리 자신의 존재를 더욱 완전하게 의식하게 만든다.

■ 윤리학

확실한
피난처

가난과 불행 속에서 진정한 친구는 확실한 피난처다. 젊은이들은 장난을 치지 않고, 노인들은 그들의 나약함에 위안과 원조가 되며, 인생의 전성기에 있는 사람들은 고귀한 행위를 선동한다.

사랑 받는
존재

악한 것은 사랑받을 수도 없고 사랑받을 수도 없다. 악한 것을 사
랑하는 사람이 되거나 나쁜 것과 같은 사람이 되는 것이 자기의
의무는 아니기 때문이다. 우리는 악한 것을 좋아하는 것이 귀중
하다고 말해 왔다. 그렇다면 그 우정은 당장 끊어져야 하는가?
아니면 이것은 모든 경우에 그렇지는 않고, 다만 친구들의 사악
함이 불치병일 때에만 그렇단 말인가? 만약 그들이 개혁될 수 있
다면, 우정의 더 좋고 더 특징적인 것이기 때문에, 차라리 그들의
성격이나 재산의 도움을 받아야 한다. 그러나 그와 같은 우정을
끊는 사람은 이상한 짓은 하지 않는 것 같을 것이다. 그가 친구였
던 것은 이런 종류의 사람에게 한 것이 아니었기 때문이다. 그러
므로 친구가 변하여 그를 구할 수 없게 되었을 때, 그는 그를 포
기하게 된다.

■ 윤리학

신중한
사람

우리는 선하지 않고는 신중할 수 없다.

교제에
대하여

여러 사람과 만남을 가져야 하는 사회생활에 있어서의 갖가지 교제가 이루어진다. 개중에는 지나치게 다른 사람의 비위를 잘 맞추는 사람들이 있다. 이런 사람들은 상대방을 기쁘게 해 주기 위해서는 무엇이든지 칭찬만 하고 반대는 하지 않는다. 그들은 '자기가 만나는 사람들 누구에게나 절대로 괴로움을 주지 않는 것'을 신조로 삼고 있다. 반면 무엇이든지 덮어놓고 반대하며 남을 괴롭히고 그것을 아무렇지도 않게 생각하는 사람도 있다. 이런 사람들은 매사를 부정적으로 보고 못마땅하게 생각하는 사람이라 싸움꾼이라고 불린다. 이러한 모습은 두 경우 모두 좋지 않으므로 그 중간 상태가 좋을 것이다. 이 중간 상태란 인정할 것은 인정하고 꾸짖을 것은 꾸짖는 것이다. 이 상태는 교제를 하는 데 있어서 올바른 태도이고 아직 명칭이 없지만, 친애(親愛)와 가장 많이 닮은 데가 있다. 왜냐하면 이 중간 상태를 따르는 사람을 아끼고 사랑하면 좋은 친구가 될 수 있기 때문이다.

■ 윤리학

친구가
필요할 때

친구를 더욱 필요로 할 때는 언제인가? 행복할 때인가, 그렇지 않으면 어려움에 처했을 때인가? 우리는 이 어느 경우에나 친구를 원한다. 어려움에 처했을 때는 도움이 필요하고, 행복할 때는 함께 지내며 자신의 은혜를 베풀어 줄 대상이 필요하다. 사람들은 자기가 친절을 베풀 상대를 원한다. 친구란 어려움에 처했을 때 더욱 필요하다. 이런 경우에 우리를 찾는 것은 유익한 친구이다. 그러나 행복할 때에는 오히려 마음이 고귀한 친구를 더 원하며, 또 선한 사람을 친구로 사귀려고 한다. 선한 사람에게 은혜를 베풀고, 선한 사람과 함께 지내는 것이 더 바람직하기 때문이다.

초역 아리스토텔레스의 말

우정 깊은
관계

연인들이 가장 좋아하는 것은 사랑하는 이를 바라보는 것이다. 이것은 인간이 다른 어떤 감각보다 시각에 크게 의존하기 때문이다. 아름다운 연인을 바라봄으로써 연애 감정이 살아나는 것이다. 그렇다면 친구들의 경우에도 함께 마주 보며 생활하는 것이 바람직한 일이 아닐까? 우정이란 두 사람이 함께 해야 하는 것이며, 친구에 대한 관계는 바로 자신에 대한 관계이기도 하다. 자기 자신이 존재하고 있다는 자각과 더불어 친구가 존재하고 있다는 의식도 바람직하다. 이러한 자각은 함께 생활할 때 생기기 때문에 사람들은 당연하게 이러한 생활을 희망한다.

좋은 일들은
좋은 사람들로부터

사람들은 어떤 삶을 살건, 그들의 삶의 목적이 무엇이건 서로 마음이 맞는 사람들끼리 같이 생활하고 싶어 한다. 그래서 사람들은 함께 술을 마시고, 함께 주사위 놀이를 하며, 또 어떤 사람들은 운동이나 사냥을 같이 하며, 혹은 철학적 대화를 나누기도 한다. 그들은 인생에서 자기들이 가장 좋아하는 것을 함께 하면서 살아간다. 그들은 친구와 함께하기를 바라기 때문에 함께 생활한다는 느낌을 주는 일을 함께 하며 서로 우정을 나눈다. 그런데 악한 사람들의 우정은 좋지 못한 결과를 초래한다. 그들은 들뜬 마음으로 쉽게 마음이 맞아 나쁜 짓을 하며 서로 닮아가고, 그로써 함께 악을 저지른다. 반면에 선한 사람들의 우정은 서로 사귐으로써 그들의 선을 더욱 키워나간다. 그들은 함께 하는 활동을 통해서 더 나은 사람이 되고자 노력함으로써 더욱 훌륭한 사람이 된다고 생각한다. 왜냐하면 서로가 상대방으로부터 좋은 점을 받아들이기 때문이다. 그래서 "좋은 일들은 좋은 사람들로부터"라는 속담이 생긴 것이다.

아무리 좋은 것을 많이
가지고 있다 할지라도

친구가 없는 삶은 그 누구도 생각하고 싶지 않을 것이다. 아무리 좋은 것을 많이 가지고 있다 할지라도 소용이 없다. 부자들이나 지위가 높은 사람들, 또 나라를 다스리는 권세를 가지고 있는 사람들에게도 친구가 특히 필요한 것 같다. 재물이나 지위도 다른 사람에게 베풀 기회가 없다면 무슨 의미가 있겠는가? 훌륭한 미덕은, '친애하는 사람들'에게 베풀 때 가장 빛이 나는 것이다. 또한 그런 부귀영화가 친구들 없이 어떻게 보전되고 유지될 수 있겠는가? 재물이나 지위는 크면 클수록 더 위태로운 것이다. 그리고 느닷없는 가난이나 불운이 닥쳐왔을 때 친구가 유일한 피난처가 아닐까?

친구는 필요하고도
고귀한 것

친구들은 젊었을 때는 잘못을 저지르지 않도록 도와주고, 나이가 들어서는 여러 가지 신변의 일을 보살펴준다. 힘이 약해서 할 수 없는 일을 대신함으로써 도와주고, 한창 일할 전성기 때에는 고귀한 일을 하도록 격려해준다. 둘이 함께 가면 생각에서나 행위에 있어서 슬기로워지고 더 강해진다. 그러므로 친구 사이의 진정한 우정은 필요한 것일 뿐 아니라 고귀한 것이기도 하다. 우리는 친구를 사랑하는 사람을 칭찬하고, 친구가 많은 것을 훌륭한 일로 여긴다. 나아가 사람들은 좋은 사람이라고 하면 친구를 떠올린다.

사람들이
사랑하는 것은

사람들이 사랑하는 것은 선인가? 아니면 자신들에게 좋아 보이
는 것을 사랑하는 것인가? 이 둘은 가끔 충돌할 때가 있다. 이 점
은 쾌락의 경우도 마찬가지이다. 사람들은 '자신에게 좋은 것'을
사랑하는 것이 아니라, '자신에게 좋아 보이는 것'을 사랑한다.
그러나 이것의 차이는 별로 없다. 사랑할 만한 것은 사랑스럽게
보이기 때문이다.

초역 아리스토텔레스의 말

이런 우정은
경계하라

우선 상대방의 쓸모 때문에 우정을 나누는 사람들이 있다. 그런 사람들은 상대방을 위해서가 아니라, 상대방에게서 얻을 유익한 것을 사랑하는 것이다. 쾌락 때문에 사랑하는 사람도 마찬가지다. 예를 들어, 사람들이 유머감각이 풍부한 사람을 사랑하는 것은 그 사람의 성품 때문이 아니고 그와 함께 있으면 유쾌하기 때문이다. 따라서 그 사람의 쓸모 때문에 그를 만나고 우정을 나누는 척하는 것이다. 이러한 우정은 인격을 고양시키는 우정이 아니라 부수적인 것을 바라는 우정이다. 따라서 상대방이 그 전과 같은 쓸모가 없어지면 우정도 쉽사리 사라진다.

조역 아리스토텔레스의 말

젊은이들의
사이비 우정

젊은이들 사이의 우정은 주로 즐거움 때문에 성립되는 경우가 많다. 그들은 자신들의 감정에 따라 살고, 무엇보다도 쾌락을 주는 것, 그것도 바로 눈앞에 있는 것을 추구하기 때문이다. 젊은이들은 친구가 되는 속도도 빠르고 헤어지는 것도 빠르다. 금세 친구가 되었다가 곧 헤어진다. 그들의 우정은 유쾌하다고 여겨지는 즐거움이 변함에 따라 바뀌는데 그러한 즐거움의 변화는 무척 빠르기 때문이다. 쾌락이나 쓸모만을 추구하는 우정은 진실성도 적고 지속성도 없다. 또 이러한 우정을 추구하다보면 나쁜 사람들과도 친구가 될 수 있다. 평생을 사귀어가면서 친구가 될 수 있는 사람은 진정성이 있어야한다.

완전한
의미의 우정

우정에는 완전한 의미의 우정도 있다. 심성이 선하고 도덕적 미덕이 서로 닮은 사람들의 우정이다. 그들은 서로 상대방에게 좋은 것을 원하며, 권한다. 이런 사람들은 본성 때문에 그러는 것이지 상대방의 쓸모나 다른 부수적인 목적이 있어서 그러는 것이 아니다. 그들은 서로를 조건 없이 대하고 상대방에게 유익한 언동을 보이고 또한 유쾌한 사람들이다. 왜냐하면 선한 사람들은 서로 얼굴만 보아도 즐겁다. 서로의 행동이 선하고 닮아 있어서 서로에게 거리낌이 없다. 그러한 사귐은 오래오래 지속된다. 그런 우정을 나누는 사람들이 흔하지 않은 것은 당연하다. 사실 그런 사람들은 드문 법이다. 그러한 우정을 나누는 데는 시간과 고귀함이 녹아 있는 친숙함이 요구된다.

IV

사랑과 쾌락과
아름다움에 대하여

Aristoteles

쾌락이란
무엇인가?

무엇인가 본다는 것은 어느 순간에나 그 자체로 완성된 것으로 느껴진다. 본다는 것은 나중에 '봄의 형성'을 구성한 어떤 것도 필요로 하지 않기 때문이다. 쾌락도 그러한 성질을 갖고 있다. 쾌락은 그 순간마다 하나의 전체이며, 시간이 경과해서 비로소 그 현상이 완성되는 것이 아니다. 그런 쾌락은 어디에도 없다. 그래서 쾌락은 운동이 아니다. 모든 운동은 시간 안에 있고, 어떤 목적을 위한 것이고, 마치 집을 짓는 것처럼 자신이 추구했던 것을 만들어냈을 때 완성되는 것이다. 그러나 쾌락이 있어서는 그런 과정이 생략된다. 쾌락과 과정은 별개의 것이다. 쾌락은 순간적인 '지금' 일어나는 하나의 전체다. 쾌락은 전체이고 궁극적인 것에 속한다.

■ 윤리학

사람들은 자신이 좋아하는 것에
쾌감을 느낀다

저마다 자신이 좋아하는 곳에서 쾌감을 느낀다. 올림픽 경기에서 승리의 월계관을 쓰는 사람은 가장 멋지고, 힘이 센 사람이 아니다. 그는 그 경기에 참가했기 때문에 승리자가 된 것이다. 참가하지 않았다면 승리자가 되지 못했을 것이다. 마찬가지로 빈둥대지 않고 행동하는 사람이 인생에서 고상하고 좋은 것을 성취할 수 있다. 이런 사람들의 삶은 그 자체로 즐겁다. 사람들은 저마다. 자신이 좋아하는 것에 쾌감을 느낀다. 예컨대 말(馬)을 좋아하는 사람은 말을 타면서, 연극을 좋아하는 사람은 연극을 관람하면서 즐겁다. 마찬가지로 정의를 사랑하는 사람은 올바른 것이 즐겁고, 탁월함을 좋아하는 사람에게는 어떤 탁월성이 좋아하는 미덕이 된다.

■ 윤리학

쾌락과 고통은 삶
전체에 뻗어 있고

쾌락만큼 우리들 본성과 깊은 연관이 있는 게 없다. 그래서 젊은 이들을 교육할 때 쾌락과 고통을 함께 방향타로 삼는다. 마땅히 기뻐할 것을 기뻐하고, 마땅히 싫어 할 것을 싫어하는 것은 윤리적 성품이 형성에 가장 중요한 포인트다. 쾌락과 고통은 삶 전체에 뻗어있고 인간생활에 지대한 영향을 미친다. 사람들은 쾌락은 추구하지만 고통은 되도록 피한다. 이러한 주제들은 그대로 지나쳐서는 안 된다. 어떤 학파는 쾌락은 좋은 것이라고 주장하고, 다른 학파 사람들은 그와 반대로 쾌락은 아주 나쁜 것이라고 주장하기 때문이다. 쾌락이 전적으로 나쁜 것이라고 주장하는 사람들은 실제로 그렇게 믿어서 그런 주장을 하는 것 같다. 반면 다른 이들은 비록 쾌락이 나쁜 것은 아니라 해도 나쁜 것으로 취급하는 것이 우리가 살아가는데 유용하다고 믿어서 그런 주장을 하는 것 같다. 세상 사람들은 쾌락에 빠지기 쉽고, 여러 가지 쾌락에 노예가 되어 있기도 하다. 그래서 반대 방향으로 인도할 필요가 있다고 생각하는 것이다. 그렇게 하면 중용의 상태에 이를 수 있다고 믿는 것이다. 그러나 이것은 분명 옳지 못하다. 감정이나 행동에 대한 이론만으로는 현실을 바꿀 수가 없다. 그러한 논의는

초역 아리스토텔레스의 말

실제적 사실과 일치하지 않을 것이고 그럴 경우 공염불이 되고 만다. 가령 쾌락을 몹시 비난하던 사람이 쾌락을 쫓아가다 발각이 되는 경우가 있다. 그렇게 되면 결국 쾌락은 추구해야 하는 것으로 증명이 되고 마는 셈이다.

■ 윤리학

쾌락의
종류

쾌락에는 여러 종류가 있다. 종류가 다른 여러 가지 쾌락들은 다른 여러 가지 다른 대상을 만나 완전한 것이 된다. 각각의 쾌락은 스스로 완성시키는 활동에 긴밀하게 연결되어 있다. 무슨 일이건 그 일에 쾌감을 느끼며 활동하는 사람은 그 분야에서 빠삭한 전문가가 된다. 기하학을 좋아하는 사람은 기하학자가 되고, 기하학 전 분야를 꿰고 있다. 음악가나 건축가도 마찬가지다. 자기가 좋아하는 분야를 추구하고 그 분야를 즐기는 사람은 그것을 즐김으로써 독보적인 존재가 되어 간다. 이처럼 자기가 좋아하는 것을 즐기는 쾌락은 그 사람의 활동을 증진시키고 그 사람의 고유한 영역을 만들어 준다. 종류가 다른 쾌락은 종류가 다른 속성을 지니고 있다. 피리를 좋아하는 사람은 어디선가 피리 소리가 들리면 하던 일에 집중할 수가 없다. 그들은 어떤 일을 하고 있었든지 현재의 일 보다 피리 연주가 더 즐겁기 때문이다.

■ 윤리학

사랑을
받으려면

사랑하는 사람들 중에는 상대방에게서 자신이 사랑하는 것보다 많은 사랑을 요구하는 경우가 있는데 이때 가끔은 그들이 우습게 보인다. 만일 그 사람이 상대 못지않게 사랑스럽다면 그 요구는 당연한 것이 될 수도 있으나, 그다지 사랑스럽지도 않으면서 그런 요구를 한다면 우스운 일이 아닐 수 없다. 많은 사랑을 받으려면 자신을 사랑스럽게 가꾸어 나갈 줄 알아야 한다.

■ 윤리학

사랑하는 것
사랑받는 것

세상 사람들은 명예욕 때문에 사랑하기보다 사랑받기를 더 원하는 것 같다. 그래서 아첨하는 사람이 많다. 아첨이란 '상대보다 낮은 지위에 있는 척하면서 자기가 사랑받는 이상으로 상대에게 사랑을 주는 척'하는 짓이다. 사랑을 받는다는 것은 존경을 받는 것과 비슷해 보이기 때문에 사람들은 누구나 사랑받기를 바라는 것 같다.

진정한
사랑

사람들은 연애를 하면서, 자신이 상대를 사랑하고 있는 만큼 상대가 자신을 사랑해 주지 않는다고 불평을 한다. 또 한편 사랑받는 사람은 상대가 그 전에는 모든 것을 약속했는데 지금은 아무것도 해주지 않는다고 불평한다. 앞의 경우는 사랑하는 상대를 쾌락 때문에 사랑하는 것이며, 뒤의 경우는 사랑하는 사람을 유용성 때문에 사랑하는 것이다. 이러한 것들을 상대에게 얻어지지 못할 때 불평이 생긴다. 이런 보상들이 그 사랑의 목적이었다면 그것을 얻지 못할 때 그 사랑도 깨지고 만다. 상대를 그 자체로 사랑한 것이 아니고 그가 가지고 있는 그 무엇 때문에 사랑했으므로 그런 사랑은 영속성을 얻지 못한다. 이런 까닭에 그들의 사랑도 일시적이다. 그러나 상대의 고귀한 품성이나 미덕을 사랑하는 연애는 상대 자신에 대한 것이므로 오래도록 지속된다.

부부간의
사랑

인간이 가정을 이루어 함께 사는 것은 생식만을 위해서가 아니다. 삶의 여러 가지 목적을 이루기 위해서이기도 하다. 처음부터 인간은 분리되어 있고, 남자와 여자의 기능은 서로 다르다. 그런 까닭에 부부간의 사랑에 유용성과 쾌락이 들어 있는 것으로 여겨진다. 남편과 아내가 선한 사람일 때에는, 그들 사이의 사랑에는 각자의 미덕이 존재하며 서로가 이것에 기쁨을 느끼며 살아가게 될 것이다. 그리고 자녀는 그들을 묶어주는 결합의 끈다. 그래서 자식이 없는 사람들은 더 쉽게 헤어진다.

욕망의
본질

만족하지 않는 것은 욕망의 본질이며, 대부분의 인간은 욕망의
충족을 위해서만 살아간다.

■ 정치학

사랑에 빠진 사람은
어떤 경우에도

사랑에 빠진 사람이 연인에 대해서 말을 하거나 연인에게 바치는 시를 쓰거나 어떤 행위를 하는 것은 언제나 즐거운 일이다. 사랑에 빠진 사람은 어떤 경우에도 연인을 떠올리고 항시 연인을 느낀다. 연인과 함께 있을 때만 즐거운 게 아니라, 떨어져 있을 때도 연인을 회상하며 즐거워한다. 항상 사랑은 이런 식으로 시작된다. 연인이 자기 곁에 없으면 괴롭지만, 슬픔과 애달픔 속에서 추억에 잠기는 즐거움이 생긴다. 서로 떨어져 있어도 회상을 통해 연인의 모습을 그리며 상대방이 했던 말이나 행동을 떠올리면 즐겁기 때문이다. 그래서 시인은 "그의 말은 가슴 속에서 모든 사람의 심금을 울려 소리 내어 울고 싶게 한다."고 읊고 있다.

■ 수사학

나쁜
사람이란?

나쁜 사람들... 그들은 자기 자신과 충돌하고 있다. 그들은 자신이 선하다고 믿는 것 대신에 해로운 쾌락을 선택하는 요실금자와 같이, 한 가지를 원하고 그것이 충족되면 또 다른 것을 원할 것이다.

■ 윤리학

선과 악의
대립

만일 이성이 없는 존재들만 쾌락을 찾는다면 그들의 말에 일리가 있을 것이다. 그런데 사려 깊은 사람들도 쾌락을 추구한다면 그들의 말에 무슨 의미가 있겠는가? 생각건대 동물과 같은 열등한 존재들에게도 그들 자신의 존재보다 더 강한 본성적인 선이 있어서, 그들 자신의 고유한 선을 추구하고 있는지도 모른다. 만약 쾌락과 고통이 모두 악의 부류에 속한다면 그것들은 다 같이 피해야만 할 것이다. 그런데 그것들이 선도 악도 아닌 것에 속한다면 둘 다 회피의 대상이 되어서는 안 되거나 아니면 다 같이 피해야 할 대상이 되어야 할 것이다. 하지만 사람들은 분명 고통은 악이라고 여겨 피하고, 쾌락은 선이라고 여겨 선택한다. 그래서 쾌락과 고통은 선과 악으로서 서로 대립될 수밖에 없는 것이다.

쾌락이라고 해서
모두 나쁜 것이 아니다

쾌락이 따르지 않는다 하더라도 우리가 열정을 쏟을 곳은 많다. 예를 들어 무엇을 본다는 것, 기억을 한다는 것, 기억하는 것, 미덕을 갖는 것 같은 일이 그렇다. 이런 일들은 설사 쾌락이 수반한다고 하더라도 변하는 것은 없다. 거기서 쾌락이 따르지 않는다고 하더라도 우리는 이것들을 선택할 것이다. 그러므로 쾌락이 곧 선인 것도 아니고, 또 쾌락이라고 해서 모두 나쁜 것이 아님은 분명하다. 그리고 어떤 쾌락은 다른 쾌락과 종류가 다르거나 그 유래가 다르므로 바람직하다는 것이 이제 분명해졌다.

욕망은 고통은
함께 있는 것

무절제하고 방종한 사람은 쾌락이 주는 온갖 것들을 갈구하고, 최고의 쾌락을 얻고자 하는 욕망에 이끌려 모든 것을 제쳐두고 그것을 먼저 선택하게 된다. 따라서 그는 이것들을 얻지 못할 때나, 또 이것들을 갈구하기만 하고 있을 때 무척 괴로워한다. 욕망과 고통은 함께 있는 것이다. 쾌락 때문에 괴로워하고 고통스러워해야하다니 참으로 아이러니한 일이다.

무감각한 것은
인간적인 것이 못된다

쾌락에 대해 관심이 적고, 당연히 맛볼 기쁨을 맛보려 하지 않는
사람은 거의 없다. 그런 무감각한 것은 인간적인 것이 못된다. 동
물들조차 음식물을 가려서 어떤 것은 좋아하고 어떤 것은 싫어한
다. 만일 아무것도 마음에 드는 것이 없고, 무엇으로부터도 쾌락
을 얻지 못하는 사람이 있다면, 그 사람은 보통 사람과는 아주 거
리가 먼 사람이다.

V

철학이란 무엇인가?

Aristoteles

철학하는
이유

인간인 한, 우리는 철학하지 않을 수 없다.

■ 형이상학

철학은 경이에서
시작되었다

사람들은 경이(驚異) 때문에 철학을 시작했다. 최초로 철학을 했던 사람들이나 오늘날이나 마찬가지다. 처음에는 눈앞에서 벌어지는 갖가지 귀한 현상에 놀랐고, 사람들은 자신이 무지하다고 생각했다. 예컨대 달 표면의 현상들, 태양과 별들의 현상, 우주의 기원에 대한 의문이 그것들이다. 무지와 의문으로부터 벗어나기 위해 사람들은 철학을 시작했다. 앎을 위해 지식을 추구하는 것이지 어떤 쓸모를 위해 철학을 시작하는 것은 아니다. 다음과 같은 사실이 이를 입증한다. 거의 모든 삶의 필수품과 편안함과 레크레이션을 위한 물건들이 확보 되었을 때 그러한 지식이 추구되기 시작한 것이다. 분명 우리는 다른 이익을 위해 그것을 추구 하지 않는다. 자유로운 사람이 다른 어떤 사람을 위해서가 아니라 자신을 위해 살아가듯이 여러 학문 가운데 오직 철학만이 유일한 자유학문으로 존재한다. 왜냐하면 그것만이 자기 자신만을 추구하는 것이기 때문이다.

■ 형이상학

진실을 조사하는 것은
한편으로는 어렵고

진실에 대한 조사는 어떤 면에서는 어렵고 또 다른 면에서는 쉽다. 이것에 대한 징후는 아무도 진실을 충분히 달성할 수 없다는 사실에서 발견되지만, 반면에, 모든 사람이 전적으로 실패하는 것은 아니라는 사실이다. 사람들은 모든 사물의 본질에 대해 사실을 말하고 있다. 그들은 개별적으로는 진리에 거의 또는 전혀 기여하고 있지 않지만, 상당한 양의 진실을 축적해 놓고 있다는 사실이 발견된다.

■ 형이상학

가장 고귀하고
가장 높은 학문적 인식

철학적 지혜는 모든 학문적 인식들 가운데 가장 완성된 것이다. 그러므로 철학자는 근본 명제들로부터 도출된 것을 알아야 하고, 또 근본 명제들 자체에 관한 진리를 파악하고 있어야 한다. 그러므로 철학적 지혜는 직관적 지성과 학문적 인식이 합쳐진 것이며, 가장 고귀하고 가장 높은 학문적 인식이다.

■ 윤리학

사물에 대해
논증할 수 있는 능력

철학적 지혜를 지닌 사람들의 특징은 어떤 사물에 대해 논증할 수 있는 능력이 있다는 점이다. 그들은 불변하는 것은 물론 상황에 따라 변하는 가변적인 것에 대해서도 진리를 얻어내는 명징한 논리를 갖고 있다. 그들은 학문적 인식, 철학적 지혜, 실천적 지혜를 통해 사물의 핵심을 관통하는 눈을 갖고 있다. 결국 근본 명제들을 파악하는 것은 직관적 지성밖에 없다.

■ 윤리학

수학은 선과 아름다움에 대해
많은 이야기를 하고 있다

선(善)과 아름다움은 서로 다른 속성이다. 선하고 좋다는 것은 행위에 속하지만, 아름다움은 변하지 않는 영구적인 것에 속한다. 그래서 수학적 학문들이 선이나 아름다움과 관련되어 있지 않다고 주장하는 사람들은 잘못이다. 이러한 과학은 그것에 대해 많은 것을 말하고 증명하고 있다. 수학은 미적 요소들에 대해서 구체적으로 어떤 것을 구현하고 있지는 않지만, 이것들의 바탕에 깔린 원리들에 대해 결코 침묵하고 있는 것은 아니다. 예컨대 아름다움의 가장 중요한 형상은 질서, 균형, 절대성인데 이것들이 바로 수학의 연구대상이고 수학으로부터 비롯된 모든 학문이 그것을 제시하고 있다.

■ 형이상학

인간은 신의 형상을
창조한다

인간은 자신의 형상뿐만 아니라 삶의 방식에 관해서도 자신의 이미지를 좇아 신을 창조한다.

■ 형이상학

소원

만일 일이 뜻대로 되지 않는다면, 일이 잘 풀리는 대로 소원을 빌어야 한다.

■ 형이상학

진실에 대한
연구

진실에 대한 연구는 어떤 면에서는 어렵고, 어떤 측면에서는 쉽다. 이에 대한 증거는 어느 누구도 진리에 쉽사리 다가설 수는 없지만 반면, 완전히 실패하는 사람도 없다는 점이다. 모든 사물의 본질에 대해 진실된 말을 하고, 개별적인 진리에 다다르기는 쉽지 않지만, 그럼에도 불구하고 상당한 양의 연구 결과에 따라 어떤 사실들이 축적되어 삶에 이바지하고 있는 것도 현실이다.

■ 형이상학

진정으로 필요한
미덕

도덕적 경험 즉, 선량한 인격을 실제로 소유하고 행사하는 경험
은 도덕적 원칙을 이해하고 그것을 적용하기 위해 진정으로 필요
한 미덕이다.

■ 윤리학

더 이상 바랄 것이
없는 것

'이상적인 것'과 '좋은 것'이 둘 다 어울린다면 더 이상 바랄 것이
없을 것이다.

■ 윤리학

증명하기
어려운 진리

모든 것을 절대적으로 증명해야 한다는 것은 불가능하다. 무한
회귀가 있다고 하더라도 우리에게는 아직까지 일어나지 않은 일
이기 때문이다.

■ 형이상학

모든 것이
목표로 하는 것

모든 예술과 모든 과학은 가르칠 수 있는 형태로 전락했다. 마찬가지로 모든 행동과 도덕적 선택은 어떤 좋은 점을 목표로 삼고 있는가? 어떤 이유로든 최고 선에 대한 공통적인 설명은 결코 나쁜 것이 아니다. 그것은 '모든 것이 목표로 하는 것'이라고 생각된다.

■ 윤리학

선한 마음의
씨앗

어떤 사상가들은 사람들이 선해지는 것은 천성이라 말한다. 다른 사상가들은 습관에 의한 것이라고 말한다. 또 어떤 사상가들은 그것이 씨앗을 키우려면 땅을 미리 준비해야 하는 것처럼 지시에 의한 것이라고 주장한다. 그래서 그들은 사람들이 선한 마음을 가지려면 올바른 것을 즐기고 싫어하는 것을 하지 않는 마음의 씨앗을 준비해야 한다고 주장한다.

■ 윤리학

사상이란?

사상이란 상황에 따라 적당한 말과 주장을 할 수 있는 능력이다. 사상을 성격과 혼돈해서는 안 된다. 성격은 행동자가 무엇을 의도하고 무엇을 기피하는지가 분명치 않을 때, 그의 의도를 분명하게 해 주는 것이며, 사상은 무엇을 증명 또는 논박하거나 보편적인 명제를 말할 때 그 말 속에 나타나는 것이다.

■ 시학

시간이란?

시간 자체는 '돌아오는 것'으로 생각되며, 이는 시간과 그러한 표준 회전이 상호간에 결정되기 때문이다. 그러므로 어떤 일의 발생을 원이라고 부르는 것은 시간의 원이라고 말하는 것이다. 그리고 그것은 완전한 회전에 의해 측정되기 때문이다. 그리고 어떤 사물의 전체 측정은 그 측정 단위의 정의된 숫자에 불과하기 때문이다.

■ 형이상학

연속적인 것

천체의 운행이나 사물의 운동이 언젠가 생겨난 것이거나 사라지는 것일 수는 없다. 그것은 항상 있어왔기 때문이다. 그리고 시간도 마찬가지다. 시간이 없다면, 그 이전도 이후도 있을 수 없기 때문이다. 따라서 천체의 운행이나 사물의 운동도 시간과 마찬가지로 연속적인 것이다.

■ 형이상학

영원한 운동과
단일한 운동

으뜸가는 보편적 존재는 그 자체로뿐만 아니라 간접적인 방식으로도 움직이지 않는다. 단지 영원하고 단일한 운동을 일으킨다. 그러나 움직여지는 사물들은 어떤 것에 의해 움직여진다. 다른 것을 움직이는 으뜸가는 보편적 존재는 그 자체로 움직이지 않는다. 영원한 운동은 영원한 것에 의해 일으켜지고 단일한 운동은 단일한 것에 의해 일으켜진다.

■ 형이상학

VI

정치란 무엇인가?

Aristoteles

인간은 본래
사회적 동물이다

인간은 본래 사회적 동물이다. 비사교적이고 고립되어 사는 사람일지라도 사회 안에 존재한다. 사회는 개인 앞에 있는 것이다. 공통의 삶을 영위할 수 없거나, 그렇게 할 필요가 없을 정도로 자급자족하고 사회에 참여하지 않는 사람은 짐승이거나 신이다.

■ 정치학

정의는 국가에서
인간의 결속과 유대를 만든다

인간은 동물 중에 최고이지만, 법과 정의에서 분리되면, 가장 최악이다. 무장한 불평등은 더 위험하기 때문에, 그는 그가 최악의 목적에 사용할 수 있는 지적 능력과 지성의 팔을 갖추고 있다. 그가 미덕을 가지고 있지 않다면, 그는 가장 불경하고, 가장 야만적인 동물이고, 정욕과 식탐으로 가득 차 있다. 그러나 정의는 국가에서 인간의 결속과 유대를 만든다. 정의로운 것에 대한 결단인 정의의 행정은 정치사회에서 질서의 원칙이다.

■ 정치학

무리는 그 어떤 개인보다도
많은 것을 더 잘 판단할 수 있다

그렇다면 최고의 사람은 법을 제정해야 하고, 법은 통과되어야 한다. 이 법은 그들의 권위를 유지하기는 하지만, 법이 표적을 놓쳤을 때 아무런 권한도 갖지 못한다. 법이 어떤 요점을 전혀 결정하지 못하거나 잘못했을 때, 현인(賢人)이 결정해야하는가? 아니면 모두가 결정해야 하는가? 우리의 현재 관행에 따르면, 그들의 판단은 개별 사건과 관련이 있다. 모든 회중은 분명히 현인보다 열등하다. 하지만 국가는 많은 사람들로 구성되어 있다. 그리고 모든 손님이 제공하는 축제는 한 사람이 제공하는 연회보다 낫다. 때문에 무리는 그 어떤 개인보다도 많은 것을 더 잘 판단할 수 있다.

■ 정치학

'최고선'을 다루는 학문이
'정치학'이다

선(善)은 인간이 추구하는 가장 뛰어난 활동이고 모든 일의 목적이다. 그리고 그러한 '최고선'을 다루는 학문이 '정치학'이다. 또 각각의 시민들이 어떤 종류의 학문을 어느 정도 배워야 하는지를 규정하는 것이 '정치'다. 예컨대 정치는 군사학, 경제학, 수사학 같이 우리가 무엇을 하고 무엇을 하지 말아야 할 것에 관한 규정을 제정하는 등 여타 모든 학문의 목적을 포괄적으로 아우르는 힘을 지니고 있다. 따라서 정치학의 궁극적 목적은 인간을 위한 선이어야만 한다. '선'을 추구하는 것은 개인에게도 물론 중요한 일이지만, 시민 사회와 국가에 있어서는 더욱 귀중한 것이다. 우리 탐구는 이런 것들을 대상으로 삼고 있으므로 일종의 정치학이라고 할 수 있을 것이다.

국가는 선을 추구하는
공동체이다

모든 국가는 일종의 공동체이며, 모든 공동체는 어떤 선(善)을 달성하기 위해 형성된다. 그것은 인간 행위의 궁극적 목적인 최고선을 실현하기 위함이다. 따라서 우리는 모든 공동체가 어떤 선을 추구하는 목적을 지니고 있다고 믿는다. 모든 공동체 중에서도 으뜸가며 다른 공동체를 모두 포괄하는 공동체는 으뜸가는 선을 추구할 것이 명백한데, 이것이 바로 국가 또는 국가 공동체다.

■ 정치학

항해의
목적

뱃사공이 공동체의 일원인 것처럼 국민도 또한 그와 흡사한 존재라 할 것이다. 한 사람은 노를 젓고, 다른 한 사람은 키를 잡고, 또다른 사람은 방향을 살핌으로써 배는 앞으로 나아간다. 각자의 역할이 각양각색으로 나누어져 있으므로 서로서로의 덕에 대한 명확한 정의(定義)는 제각기 다르다 할지라도 서로서로 사이에는 어떤 보편적인 정의의 흐름이 흐르고 있는 것은 명백한 사실이다. 그 까닭은 그들의 항해의 목적이 오직 안전하고 평안함에 있고, 모든 선원은 이를 위해서 해야 할 의무가 공동으로 나누어져 있으니 말이다. 각자는 그것을 위해서 분투하는 것이다. 국가공동체의 국민의 역할도 이와 같다. 그들이 하는 일이 서로 다르지만 그들의 소임은 그 공동체의 안녕과 번영에 있다. 그 공동체라고 하는 것은 두말할 것도 없이 정치조직을 말하는 것이다.

■ 정치학

최고의 권력은
시민에게 있다

민주정치에 있어서 최고의 권력은 시민에게 있다. 군주정은 폭력
정치로, 귀족정치는 과두정치로, 도시국가는 민주정치로 변질할
가능성이 있다. 사람들이 생각하듯이 자유와 평등이 주로 민주정
치를 하는 가운데서 발견된다면 그것은 모든 시민이 정치에 최대
한으로 참여할 때 가장 잘 이루어질 것이다. 적절한 재산을 가진
사람들에 의해 구성되는 정부는 과두정치보다는 민주정치에 더
욱 가깝다. 시민이 적극적으로 참여하는 정치체제는 가장 안전한
국가 시스템이다. 민주주의는 인간이 어떤 면에서 평등하다면 다
른 모든 면에서도 평등할 것이라고 생각하는 사람들에의해서 시
작된 것이다.

■ 정치학

개인은 국가공동체의 정의를
통하여서 구원을 받는다

인간은 완성되었을 때는 가장 훌륭한 동물이지만, 법과 정의를 벗어났을 때는 가장 사악한 동물이다. 무장한 불의(不義)는 가장 다루기 힘들다. 예를 들면 인간은 날 때부터, 언어 같은 유용한 도구를 갖고 태어난다. 그런데 지혜와 탁월성을 위해 사용하도록 준비된 이런 무기들은 정반대의 목적을 위해서 너무 쉽게 사용할 수도 있다. 그런 까닭에 인간은 덕이 없으면 탐욕과 무절제로 인해서 가장 추악하고 야만스러운 존재가 된다. 하지만 정의는 국가공동체의 특징이며, 개인은 국가공동체의 정의를 통하여서 구원을 받는다. 국가는 정의를 통해 질서를 유지하고, 개인은 정의감을 통해서 옳고 그름을 판별하게 된다.

■ 정치학

정치의 목적은
'인간을 위한 선'

정치의 목적은 '인간을 위한 선'을 추구하는 것이다. 왜냐하면 그 '선'이 개인이나 국가에 대해서 동일한 것이라 할지라도, 국가를 위해 좋은 것을 취하고 보전하는 일이 사실상 더 중요하고 더 궁극적이기 때문이다. '개인을 위한 선'을 실현하는 것도 가치 있는 일이지만, 민족이나 국가를 위한, 즉 보편적 '인간을 위한 선'을 실현하는 것은 더 성스럽고 의미 있는 일이다. 따라서 우리의 탐구는 일종의 정치학이라고 할 수 있을 것이다.

■ 정치학

공동의 선과
공동의 이익

모든 형태의 정부는 공동의 선과 공동의 이익을 추구한다. 그릇
된 형태의 정부가 편파적인 정책을 채택한다면 왜곡된 결과를 가
져올 수 있다. 이런 균형의 법칙은 학문과 기술 분야에서도 발견
할 수 있다. 가령, 화가는 사람을 그릴 때, 아무리 아름다운 발이
라도 발하나가 균형에 어긋난 크기의 발은 그리지는 않을 것이
다. 그리고 배를 만드는 사람은 배의 고물이나 여타 부분을 균형
에서 어긋나게 건조하지는 않을 것이다. 마찬가지로 합창단의 지
휘자는 노래는 무척 잘하지만 단원들 전체를 합한 것보다 더 큰
목소리로 노래하는 단원을 뽑지는 않을 것이다.

■ 정치학

인간의 미덕에 대해
깊이 연구하는 사람

진정한 정치가는 무엇보다도 인간의 미덕에 대해 깊이 연구하는
사람이어야 한다. 그들은 자기들의 시민을 선하게 하고, 법에 잘
순종하는 좋은 시민으로 만들기를 원하기 때문이다. 정치가는 의
사가 육체에 대해서 아는 것보다 훨씬 더 많이 정신에 대해서 알
아야 한다. 정치는 의술보다 더 인간 생활에 소중하고 밀접한 분
야이니 말이다. 우리가 말하는 미덕이란 육체의 미덕이 아니라
정신의 미덕이다. 그렇다면 정치가는 인간 정신에 관해 연구하고
해박한 경지에 올라 있어야 한다. 그것은 눈을 치료하려는 의사
가 몸 전체를 어느 정도 알고 있어야하는 것과 같은 이치이다. 따
라서 정치가는 인간의 정신과 본성을 좀 더 세세히 탐구하여야
한다. 그것은 아마 눈앞에 놓인 과제를 수행하는 일보다 훨씬 더
힘든 일이 될 터이다.

■ 정치학

선한 것은 무조건적으로
좋은 것이지만

법을 지키지 않는 사람과 욕심이 많고 불공정한 사람은 모두 정의롭지 못하다. 따라서 법을 준수하는 사람과 공정한 사람은 정의로운 사람이다. 이와 같이 보면 정의란 준법적인 것과 공정한 것을 포함하며, 정의롭지 못한 것이란 법을 지키지 않는 것과 불공정한 것을 포함한다. 정의롭지 못한 사람은 더 많이 가지려고 욕심을 부리는 탓에, 여러 가지 선한 것에 마음을 쓰는 척한다. 그러나 그는 진정으로 선한 것에 마음을 쓰지는 않고, 다만 행운과 불운이 관계되는 것에만 관심을 가진다. 우리가 선한 것이라고 부르는 것들은 무조건적으로 좋은 것이지만, 어떤 사람에게는 그렇지 않기도 하다. 사람들은 선한 것들을 소원하고 또 추구하지만, 사실 이래서는 안 된다. 무조건적으로 좋은 것이 또한 자기들에게도 좋은 것이 되도록 바라야만 하며, 또 정말 자기들을 위하여 좋은 것들을 선택해야 한다.

■ 윤리학

인간은 본성적으로
공동체를 구성한다

국가는 자연적으로 성립되어 존재하는 것들 가운데 하나다. 그리
고 인간은 본성적으로 국가 공동체를 구성하는 정치적 동물이기
에 국가에서 살아야 하는 존재다.

■ 정치학

국가가 개인이나
가정에 앞선다

◆ 인간은 독특하게도 다른 동물들과 달리 선과 악, 정의와 불의 등을 인식하는 능력을 갖고 있다. 그리고 모든 인간은 이러한 인식 능력을 바탕으로 가정과 국가공동체를 형성한다. 시간적으로 볼 때 개인이나 가정이 국가에 앞서지만, 본성적으로는 국가가 개인이나 가정에 앞선다. 전체가 부분에 우선하는 필연적 이유 때문이다. 그것은 육체가 파괴되었는데 팔이나 다리가 살아남을 수 없는 것과 같다.

■ 정치학

국가는 선을 추구하는
공동체이다

모든 국가는 하나의 공동체이며, 모든 공동체는 어떤 선을 실현하기 위해서 구성된다. 그것은 모든 인간의 행위가 선이라고 생각되는 것을 목표로 행동하는 것과 같다. 이와 같은 이치로 모든 공동체는 어떤 선을 추구한다. 그리고 모든 공동체 중에서도 으뜸을 차지하고 다른 공동체 모두를 포괄하는 공동체는 최고선을 추구할 것이 명백하다. 이것이 바로 국가 즉 국가라는 정치 공동체다.

■ 정치학

훌륭한 시민은
사회의 안정을 도모한다

우선 시민의 미덕이 무엇인지 대략적으로라도 알아야 할 것이다. 시민은 선원(船員)과 마찬가지로 항해를 위해 한 배를 탄 공동체의 일원이다. 선원은 각자 맡은 역할이 다르다. 노 젓는 사람, 키잡이, 망꾼 등 이름도 다양하다. 한 배를 탄 사람들은 항해의 안전이라는 공통된 목표가 있기에 항해의 안전을 위해 모두 노력한다. 마찬가지로 시민도 각자의 역할이 서로 다르지만 공동체의 안정(safety)이라는 공통된 과제가 있다. 따라서 시민의 미덕은 각자 맡은 바 역할을 수행하면서 공동체의 안정과 발전에 기여하는 데 있다.

■ 정치학

정치가의
조건

정치가는 의사가 사람의 몸에 대해서 아는 것보다 훨씬 더 많이 정신에 대해서 알아야 한다. 정치학이 의학보다 더 명예롭고 더 선한 것인 만큼 그래야 한다. 그것은 눈을 치료하려는 사람이 몸 전체를 어느 정도 알고 있어야 하는 것과 같은 이치이다. 따라서 정치가는 인간 정신을 연구해야 하며, 나아가서 인간적 미덕이 갖추어야 할 것에 대한 우리의 탐구에 참여해야 한다. 인간이 갖추어야 할 미덕에 대해 심도 있게 탐구하자면 우리의 현재 목적이 요구하는 그 이상의 노력이 필요할 것이다.

■ 윤리학

믿음을
주는 말

연설자는 자신의 연설이 확신을 가질만한 가치가있는 방식으로
전달 될 때 도덕적인 인격으로 설득력을 갖는다. 우리는 일반적
으로 그 사람의 말이 설득력이 있어야 모든 것에 대해 더 큰 신뢰
를 느끼지만, 확실성이 없고 의심의 여지가 있는 경우 그 진정성
을 의심하게 된다. 그러나 이러한 믿음은 연설자의 성격에 대한
선입견이 아니라 연설 자체 때문이어야 한다.

■ 수사학

VII

인간 행동에 대하여

Aristoteles

삶에는 실천적
지혜가 필요하다

사람들이 그 사람은 이해심이 깊다고 말할 때 그 이해심이나 이해력은 학문적 인식 같은 것이 아니다. 가령 건강에 관련된 의학이나, 공간의 크기를 다루는 기하학과 같은 개별 학문 분야도 아니다. 이해력의 영역은 다만 의심이 가고 깊이 생각하게 만드는 것들에 대한 숙고의 영역이다. 그런 까닭에 실천적 지혜가 필요하다. 그렇다고 이해력과 실천적 지혜가 같은 것이 아니다. 실천적 지혜는 무엇을 해야 한다는 목적이 있고, 무엇을 해서 안 된다는 규정이 있다. 실천적 지혜는 명령체계 안에 있는 것인 반면, 이해력은 그저 판단하기만 하는 것이다. 이해심이 깊다거나 이해력 높다는 것은 실천적 지혜를 가지고 있는 것이 아니다. 오히려 학문적 인식의 경우 '배워서 안다'는 것을 '이해한다'고 하듯이, 어떤 사람이 이해력이 탁월한 사람이라고 불리는 것은 학문적 인식에서처럼 '배워서 안다'는 것을 '이해한다'는 뜻으로 받아들이면 될 것이다.

■ 윤리학

초역 아리스토텔레스의 말

지혜로운 사람은
정직하게 말하고 행동한다

지혜로운 사람은 자신을 위험에 빠뜨리지 않는다. 왜냐하면 그가 충분히 신경 쓰는 것이 거의 없기 때문이다. 그러나 그는 큰 위기에 처하면 기꺼이 목숨을 바칠 용의가 있다. 어떤 조건에서는 살 가치가 없다는 것을 알고 있다. 그는 자기에게 봉사하는 것을 부끄러워하지만, 사람을 섬기는 성질이 있다. 친절을 베푸는 것은 우월함의 표시고, 은혜를 베푸는 것은 종속성의 표시다. 그는 공개 전시회에 참가하지 않는다. 그는 자신이 혐오하고 선호하는 것에 대해 열려있다. 그는 정직하게 말하고 행동한다. 그의 눈에는 대단한 것이 없기 때문에, 그는 결코 감탄하지 않는다. 그는 친구가 아니라면 다른 사람들과 잘 어울리지 않는다. 친절은 노예의 특성이다. 그는 결코 악의를 느끼지 않으며, 항상 잊어버리고 상처를 극복한다. 그는 말하는 것을 좋아하지 않는다. 그가 칭찬을 받아야 한다거나, 다른 사람이 비난받아야 한다거나 하는 것은 그의 관심사가 아니다. 그는 자기 자신에 대한 것이 아니면 다른 사람, 심지어 그의 적들에 대해서도 악담을 하지 않는다. 그의 태도는 침착하고, 목소리는 깊고, 말은 절제되어 있다. 그는 서두를 필요가 없다. 그는 단지 몇 가지에 대해 걱정하기 때문에

서두르지 않는다. 그는 매우 중요한 것이 없다고 생각하기 때문에 격렬하지 않다. 날카로운 목소리와 성급한 걸음걸이가 그에게 다가온다... 그는 세련된 전략으로 제한된 군대를 지휘하는 능숙한 장군처럼 상황을 최고로 만들며 존엄성과 품위를 지킨다. 그는 자신의 가장 친한 친구로, 혼자만의 사생활을 즐긴다. 반면, 미덕이나 능력이 없는 사람은 자신의 가장 나쁜 적이며, 고독을 두려워한다.

■ 윤리학

사람은 누구나 추구하는
목표가 있다

사람은 누구나 추구하는 목표가 있고, 그것을 달성하기 위해 어떤 것을 선택하기도 하고 피하기도 한다. 간단히 말해서 그로 인해서 행복과 행복을 구성하는 많은 요소들이 생긴다. 우리는 행복이란 도대체 무엇이며 행복을 구성하는 요소가 무엇인지 알고 있는가? 우리는 행복이나 행복을 구성하는 유소를 만들기도 하고 늘리기도 한다. 그러나 행복과 반대되는 것들을 만들어내는 짓은 말아야 한다. 행복이라는 미덕은 안녕, 자족감, 가장 즐겁고 안전한 삶 그리고 물질적이고 신체적인 번영을 지향하는 것들이다. 행복이 이 한가운데 하나 또는 여럿이라는 것은 누구나 동의 할 것이다. 행복이 그런 것이라면 그 구성 요소들은 틀림없이 늘 우리 곁에 있다.

■ 수사학

너그러움에
대하여

너그러운 사람은 가장 사랑받는다. 그것은 그들이 사회적으로 유익하고 베푸는 자이기 때문이다. 그런데 너그러운 사람이 부자가 되기는 쉽지 않다. 그가 재물을 잘 모으는 사람이라도 그 재물 자체를 소중히 여기지 않고 잘 내어주기 때문이다. 그래서 부를 누릴 자격이 가장 많은 사람이 실제로는 그렇게 부자가 못 된다는 운명적인 말이 생겼다. 세상에는 다 이치가 있는데 재물을 얻으려고 아등바등하지 않는 사람은 재물을 얻을 수 없다. 자수성가해서 재산을 모은 사람은 유산을 물려받은 사람보다 인색하다. 그들은 궁핍 했던 경험 때문에 자기가 이룩한 것에 대한 애착이 강하다. 하지만 아무리 간난신고를 겪었더라도 현명한 사람은 너그러워지는 법이다. 너그러움이란 재물을 주고받는 일에서 중용의 길을 열어준다. 너그러운 사람은 적당한 일에 적당한 양의 재물을, 큰일이든 작은 일이든 기쁜 마음으로 주고 마땅한 곳에서 소비하도록 만든다.

■ 윤리학

궁극적
사업

＊모든 것의 궁극적인 목적은 인간들 사이에서 개별적으로 일어나는 문제들에 대해 올바르게 판단하고 올바르게 행동하는 것이다. 따라서 개별적인 것이 궁극적인 것이다.

■ 윤리학

좋은 가문에서
태어난 사람

좋은 가문에서 태어난 사람은 명예욕이 강하다. 사람은 무엇을 갖게 되면 더 많이 늘리려는 욕구가 있는데, 가문의 부와 명망이란 것도 그러하다. 명문가 출신자들은 자신들의 선조에 필적하는 사람에 대해서도 무시하거나 멸시하는 태도를 보인다. 같은 탁월함이라도 동시대의 일보다는 오래된 것일수록 더 위대하고 더 자랑스러워 보이기 때문이다.

사실 '명문가'란 대에 걸친 가문의 탁월한 전통을 뜻하는 것이고, '명문가 출신'이라는 관념은 좋은 가문의 탁월성을 그대로 간직했음을 의미한다. 하지만 '금수저'를 물고 태어났다는 자들 중에는 대체로 그런 자들이 없고, 대부분은 형편없는 자들이다. 땅에서 자라는 작물처럼 인간 세대에도 수확기라는 것이 있는데, 종종 특정한 씨족이 탁월하면 한동안은 그 씨족에서 뛰어난 사람들이 태어나다가 그 후에는 다시 쇠락해버리고 마는 것이다.

◆ 거만과 비굴
자기가 그만한 힘이 없으면서도 커다란 존재라고 생각하는 사람은 거만하다. 또 자기의 가치를 실제보다 적게 생각하는 사람은 비굴하다.

■ 윤리학

고결한 성품의
사람

고결한 성품의 사람은 군중 속에 있어도 눈에 띄는 법이다. 그 비밀은 보통 어수선하게 흩어져 있고 분산되어 보이는 요소들이 그 사람에게 하나로 결합되어 도드라진 특징들을 이루어 주기 때문이다. 그것은 화가의 그림 속 모델이 실제 모델을 능가하는 것과 같은 이치다. 그러나 하나씩 뜯어보면 이 사람의 눈이나 다른 신체 부위가 그림 속의 것보다 더 잘생겼을 수 있다. 그러나 고결한 소수자가 모든 군중을 능가할 수 있을지는 알 수 없다.

■ 정치학

허풍선이 보다 더
추악한 인간

그 어떤 목적도 없이 자신을 가진 것 이상으로 내세우는 사람은
멸시받아 마땅하다. 허풍을 떠는 사람이 아니라면 거짓을 좋아할
리가 없기 때문이다. 하지만 그는 나쁜 사람이라기보다는 오히려
허풍선이 같아 보인다. 그러나 어떤 목적이 있어서 큰소리를 친
다면 이야기가 달라진다. 세상의 호평이나 명예 때문에 큰 소리
치는 자는 허풍선이로서 그다지 크게 비난할 것이 못 되지만, 재
물이나 재물로 바꿀 수 있는 것들 때문에 큰 소리 치는 자는 허풍
선이 보다 더 추악한 인간이다.

■ 윤리학

목적을
달성하는 방법

우리가 숙고하고 주목해야 할 것은 목적이 아니라 방법이다. 의사는 환자를 치료할 것인지 숙고하지 않고, 연설가는 청중을 설득할 것인지 숙고하지 않으며, 정치가는 법과 질서를 바로잡을 것인지 숙고하지 않는다. 그 밖에 어느 누구도 자신의 목적에 대해 숙고하지 않는다. 오히려 그들은 먼저 목적을 설정한 뒤 어떻게, 어떤 방법에 의해 그 목적을 달성할 수 있을 것인지 생각한다. 그리고 목적이 여러 가지 방법에 의해 달성될 수 있을 것 같아 보이면, 어느 방법을 써야 목적이 가장 쉽고 가장 고상하게 달성될 수 있는지 생각한다. 반면 목적이 단 한 가지 방법에 의해 달성될 수 있으면, 목적이 이 방법에 의해 어떻게 달성될 수 있는지, 또 이 방법은 어떤 다른 방법에 의해 획득될 수 있는지 생각한다.

■ 니코마코스 윤리학

더불어 사는
본성

행복한 사람을 고독하게 한다는 것은 아마 부조리한 일일 것이다. 생각건대 어떤 사람이라도 자기 혼자서만 모든 선을 소유하려고는 하지 않을 것이다. 사람은 사회적인 존재임으로 다른 사람과 더불어 사는 것을 그 본성으로 하고 있으니까.

■ 윤리학

선택이란?

선택이란 욕망, 분노, 소망 또는 일종의 의견이라고 말하는 사람들이 있는데 그것은 틀린 생각이다. 욕망과 분노는 동물들에게도 있지만 합리적인 선택은 그들에게는 없다. 또한 자제력이 없는 사람은 욕망에 의해 행위 하는 것이지 선택에 의해 행위 하는 것은 아니다. 이와 달리 자제력이 있는 사람은, 선택에 의해 행위 하는 것이지 욕망에 의해 행위 하지 않는다. 욕망은 선택에 대립하지만, 욕망이 욕망에 대해 대립하는 일은 없다. 또 욕망은 유쾌한 것과 고통스러운 것에 관계되지만, 선택은 이 두 가지 중 어느 것과도 관계하지 않는다. 그리고 분노는 더욱 선택과 거리가 멀다. 왜냐하면 분노 때문에 행하는 행위야말로 가장 합리적인 선택에 의하지 않은 행위이기 때문이다.

■ 윤리학

선택과
소망

선택과 소망은 아주 비슷해 보이지만 전혀 다른 속성을 지닌다. 왜냐하면 선택은 불가능한 일에 대해 성립할 수 없는데, 만일 누군가 자신이 불가능한 일을 선택했다고 하면 그는 바보 취급을 받을 것이다. 그러나 소망은 불가능한 일에 대해서도 성립할 수 있다. 이를테면 영생(永生)에 대한 소망이 있을 수 있다. 또한 우리는 어떤 배우의 명망이나 운동선수의 우승처럼 자신의 노력으로는 이룰 수 없는 것들을 소망할 수도 있다. 그런데 이러한 일은 선택하는 것이 아니다. 우리는 자신의 힘으로 이룰 수 있으리라고 생각되는 것들만 합리적으로 선택한다. 그러므로 소망은 대개 목적에 관계하고, 선택은 대개 수단에 관계한다. 예를 들면 우리는 건강하기를 바라지만, 건강을 위한 행위는 우리가 스스로 선택하는 것이다. 또 우리는 행복하기를 소망한다고 말하지만, 행복하기를 선택한다고 말할 수는 없다. 선택은 대게 자신의 힘이 미칠 수 있는 것들에만 관계하는 것이기 때문이다.

■ 윤리학

다른 사람을
위한 행동

다른 사람을 위한 행동을 한다는 것은 그것이 고결한 행위다. 자기 자신이 아니라 다른 사람을 이롭게 하기에 훌륭한 것이다. 누군가에게 은혜를 베푸는 행위는 자신을 위한 것이 아니기 때문에 칭찬받을만하다. 또한 은인에게 보답하는 행위는 당연하고 정의로운 행동이다. 사람들이 수치스러워하는 것의 반대는 고결한 것이다. 사람들은 수치스러운 것을 말하거나 행하거나 계획하는 것을 부끄러워하기 때문이다. 그래서 알카이오스가 "나는 말하고 싶지만, 수치심이 나를 가로막는구나"라고 했을 때, 사포는 이렇게 답했다. "당신이 고결한 행동을 원했고, 나쁜 말을 하려고 한 것이 아니었다면, 수치심이 당신의 두 눈을 덮지 않았을 것이고, 당신은 기꺼이 정의롭게 말했을 것입니다."

■ 영혼에 대하여

통이 큰
사람

통이 큰 사람은 남에게 호의와 친절을 베푸는 것을 기쁨으로 여긴다. 그리고 자기가 남에게 의지하고 남의 호의를 받는 것은 수치스럽게 여긴다. 왜냐 하면 호의와 친절을 베풂은 우월의 상징이며 그 반대는 열등감을 나타나는 것이라 여기기 때문이다.

■ 윤리학

인간행동의
7가지 원인

인간의 행동은 모두 다음 7가지 원인에서 나타나거나 혹은 그 이상의 것을 가진다. 기회, 본능, 강제, 습관, 이성, 정열, 희망이 곧 그것이다.

■ 수사학

자기 생명을
끊는다는 것은

가난이나 실연 따위의 괴로움을 피하기 위해서 자기 생명을 끊는다는 것은 용감한 사람의 일이 아니라 겁쟁이가 하는 일이다. 왜냐 하면 괴로움을 피한다는 것은 게으름뱅이의 짓이며, 자살하는 사람들이 죽음 앞으로 다가서는 동기란 그렇게 하는 것이 아름다워서 그러는 것이 아니라 괴로움을 피하려는 데 있으니 말이다. 자살은 가령 그 사람 자신에게는 부정이 될 수 없다고 해도 국가에 대해서는 하나의 부정이 아닐 수 없다.

■ 윤리학

인간적인
덕이란?

◆ 인간적인 덕이란 육체적인 덕이 아니라 '정신의 덕'을 의미한다. 그런데 정신적인 덕은 구분에 따라 어떤 것을 지적인 덕이라 부르고, 다른 어떤 것은 도덕적인 덕이라 부른다. 지혜나 이해력, 그리고 분별력은 지적인 덕이고, 관용이나 절제는 도덕적인 덕이다. '어떤 사람의 품성에 대해서 말할 때 우리는 그가 지혜롭다거나 이해력이 있다고 하지 않고, 온화하다거나 절제력이 있다고 말한다. 그렇다고 우리가 윤리도덕적인 사람만 칭찬하는 것은 아니다. 지혜로운 사람을 칭찬할 때에도 우리는 역시 그 사람의 '영혼의 상태'에 그 근거를 둔다. 이처럼 칭찬받을 만한 정신 상태를 우리는 '덕'이라 부른다.

■ 정치학

용감한 행동을
해야만 용감해진다

◆ 우리는 자주 보고 자주 들음으로써 시각이나 청각을 가지게 된 것이 아니다. 그것들은 자연이 선천적으로 우리에게 부여한 능력이다. 그러나 우리가 삶을 살아가는데 필요한 덕목의 경우에는, 우리가 먼저 실천함으로써 비로소 그것을 얻을 수 있다. 예컨대 집을 지어 보아야 건축가가 되고, 하프를 타 보아야 하프 연주가가 되는 것이다. 이와 마찬가지로 우리는 정의로운 행동을 해 보아야 정의로워지고, 절제 있는 행동을 해 보아야 절제 있어지고, 용감한 행동을 해야만 용감해진다.

■ 정치학

절제와 용기는
중용에 의해서만

◆ 체력이나 건강의 경우에서 볼 수 있듯이 지나친 운동이나 운동 부족은 모두 몸에 좋지 않다. 마찬가지로 지나치게 많이 먹거나 너무 적게 먹는 것도 모두 건강을 해친다. 반면 적당한 운동과 적당한 식사는 체력을 증진시키고 건강을 보존한다. 매사에 절제와 용기라는 덕목이 필요한 법이다. 무슨 일이든 회피하고 두려워하며 자리를 지켜 내지 못하는 사람은 비겁자가 된다. 반대로 무슨 일이든 두려워하지 않고 뛰어드는 사람은 무모한 자가 된다. 마찬가지로 온갖 쾌락에 파묻혀 조금도 삼가지 않는 사람은 방탕자가 되고, 모든 즐거움과 쾌락을 멀리하는 사람은 목석과 같은 촌뜨기가 된다. 그러므로 절제와 용기는 지나침과 모자람 때문에 파괴되고 중용에 의해서만 보존된다.

■ 정치학

도덕과
습관

인간적 미덕에는 두 종류가 있다. 하나는 지적인 미덕이고 다른 하나는 도덕적 미덕이다. 지적 미덕은 주로 교육에 의해 생겨나기도 하고 성장한다, 그래서 경험과 시간을 필요로 한다. 한편 도덕적 미덕은 습관의 산물이다. '에티케(도덕·윤리)'란 말은 '에토스(습관)'라는 말에서 나온 것이다. 이로 미루어 보면, 도덕적 미덕은 본성적으로 발생하는 것이 아니다. 도덕적 미덕이 저절로 존재하는 것이라면, 그 본성에 반대되는 습관은 생겨나지 않아야 하기 때문이다. 그리고 보면 도덕적 미덕은 본성적으로 생기는 것도 아니고, 본성에 반하여 생기는 것도 아니다. 오히려 우리가 본능적으로 그것들을 받아들여 습관화함으로써 비로소 완성되는 것이다.

■ 윤리학

도덕적 미덕은
습관으로 만들어진다

도덕적 미덕은 습관에 의해 만들어진다. 한마디로 말해서 성품의 차이는 그에 해당하는 행동들에서 생긴다. 따라서 우리는 우리의 행동이 미덕을 갖춘 성질의 행동이 되도록 해야 한다. 그 행동의 차이에 따라 성품의 차이가 귀결되기 때문이다. 어린 시절의 사소한 차이는 아주 큰 차이를 가져온다. 모든 차이가 거기에서 비롯된다.

■ 윤리학

모든 것은 자기
자신에게 달려 있다

인간적 미덕이 자신에게 달려 있는 것처럼 악덕도 그렇다. 미덕에 따라 행동할 수 있는 힘이 자신에게 달려 있는 것처럼 악덕의 경우도 마찬 가지다. 우리는 어떤 행위를 하는 것이 고귀한 일이며, 어떤 행위를 하는 것이 천박한 일인지 알고 있으며 그것은 우리의 자유에 속할 것이다. 그리고 그렇게 행동하는 것과 행동하지 않는 것이 각자의 미덕과 악덕을 만든다면, 스스로 훌륭한 인물이 되는 것이나 천박한 인물이 되는 것은 자신에게 달려 있다는 결론을 내려야 한다.

■ 윤리학

자신의
책임

누구도 태어날 때부터 못생긴 사람을 비난하지 않는다. 우리는 게을러서 운동을 하지 않고 자기 몸을 돌보지 않아서 추해진 사람은 비난한다. 허약함이나 불구에 대해서도 마찬가지다. 누구도 태어날 때부터 눈이 먼 사람이나 병이나 부상 때문에 장님이 된 사람을 비난하지 않는다. 오히려 측은지심을 갖고 불쌍히 여길 것이다. 하지만 폭음이나 방탕한 행동으로 눈이 먼 사람은 비난한다. 이처럼 신체에 관련된 악덕 중에서도 우리 자신의 책임인 것들은 비난받지만, 자신의 책임이 아닌 것들은 비난받지 않는다. 이치가 그렇다면 정신에 관한 문제에서도 비난받는 것은 우리에게 책임이 있는 것이다.

■ 윤리학

누구나 자신의 정신상태에
책임이 있다

누구나 자신의 정신 상태에 책임이 있다. 그렇다면 그 사람의 눈에 사물이 어떻게 보이는가에 대해서도 그는 책임을 지고 있는 것이다. 그렇지 않다면 아무도 자신의 악행에 대해 책임을 질 사람은 없을 것이다. 오히려 인생의 목적이 무엇인지를 잘 모른다는 핑계로 자신이 한 행위들이 가장 좋은 것이라 여기면서 악한 행위를 하는 자들도 생기게 된다. 이런 점에서 태어 날 때 좋은 성품을 가지고 태어난 사람은 무엇이 참으로 좋은 것인지 올바로 판단하고, 선택할 수 있는 눈을 가지고 태어난 것이어서 참으로 복 받은 사람이다.

■ 윤리학

미덕은 자발성에
뿌리를 두고 있다

인간의 미덕은 감정과 행위에 관련된다. 그것들이 자발적인 경우에는 칭찬과 비난이 가해지지만 비자발적인 경우에는 용서가 주어지고, 때로는 딱한 경우도 있어서 연민의 대상이 되기도 한다. 따라서 미덕에 대해 심사숙고하는 사람은 반드시 자발적인 것과 비자발적인 것을 구분해야 한다. 강요나 무지에 의해 행한 행위는 비자발적인 행위이다. 그런데 자신에게 유익한 것이 무엇인지, 해가 되는 것이 무엇인지를 선택함에 있어서 무지하다는 것은 비자발적 행위의 원인이 아니라, 오히려 사악한 행위의 원인이 되기도한다. 어떤 행위는 아무리 강요되었다고 하더라도 절대로 해서는 안 될 것이 있고, 그래서 차라리 죽는 게 더 나은 경우가 있다. 가령 어머니를 살해하라고 강요받는다면 무엇을 선택할 것인가? 어떤 것을 버리고 어떤 것을 선택할 것인가? 어떤 것을 얻기 위하여 어떤 것을 견뎌내야 하는지 결정하기란 어려운 문제다. 더구나 우리가 옳다고 판단한 것을 끝까지 지켜내기는 더욱 힘든 일이다. 강요에 저항하면 대체로 고통뿐이다. 우리가 강요받는 일들은 거의 다 추악한 일들이다. 그래서 강요에 굴복했는가 하지 않았는가에 따라 칭찬과 비난이 따르는 것이다. ■ 윤리학

욕망에 따르는 행위는
즐거운 일

스스로의 분노나 욕망 때문에 하게 된 행위를 무의식적이라고 하는 것은 핑계에 지나지 않는다. 그렇다면 인간 이외의 어떤 동물도 자의적으로 행동하는 경우는 없다. 분노와 욕망으로 인한 행동 중에는 단 하나도 자발적으로 하는 행동은 없다는 말인가? 그렇다면 선한 행동은 자의적으로 한 것이고, 부끄러운 행동은 무의식적으로 행한다는 말이 된다. 원인은 같은데 행동은 둘로 나뉜다는 것은 이치에 어긋난 일이다. 어떻게 같은 원인이 그렇게 상반된 행위를 낳는단 말인가? 우리는 어떤 일에 대해서는 마땅히 노여워해야 하고, 또 어떤 일, 가령 건강이나 배움 같은 것들에 대해서는 마땅히 욕망을 가져야 한다. 그리고 이러한 욕망에 따르는 행위는 즐거운 일이다.

■ 윤리학

비난 받는
무지

사람들은 무지 때문에 비난을 받는다. 자기가 무엇을 해야 하고, 또 무엇을 해서는 안 되는지를 알지 못하기 때문에 정의로워지지 못하고 악한 사람이 된다.

■ 윤리학

결과에 대한
책임

선택의 여지가 조금이라도 있는 경우라면 자발적으로 행동하고 그 결과에 대해 스스로 책임져야 한다.

■ 윤리학

목적을 달성하기
위한 수단

우리의 소망은 어떤 상태를 목적하는 것이지만, 그것은 대개 목적을 달성하기 위한 수단과 관계한다. 우리는 건강하기를 소망하지만 운동을 하거나 다이어트를 하는 등 건강해지기 위한 행위를 수단으로 선택해야 한다. 그런데 누구나 행복하기를 소망하지만, 행복하기를 선택한다고 말할 수는 없다. 무릇 선택은 자신의 힘이 미칠 수 있는 것들에만 관계하는 것이기 때문이다. 이런 이유로 의견도 선택은 아니다. 의견은 우리 자신의 힘이 미칠 수 있는 것 못지않게 영원한 것과 불가능한 것에 대해서도 관계하기 때문이다. 그리고 의견은 참과 거짓에 의해 판단되지만, 선택은 좋고 나쁨에 의해 판단된다.

■ 윤리학

행동에
대하여

인간의 행복이나 비참함은 행동의 형태를 취한다. 우리가 사는
일의 종말도 일종의 행동이다.

■ 시학

행동을 함으로써
용감해지는 것

인간은 끊임없이 특정한 방식으로 행동함으로써 특정한 자질을
획득한다... 당신은 단지 정당한 행동, 절제된 행동을 함으로써,
용감한 행동을 함으로써 용감해지는 것이다.

■ 윤리학

방종한
사람

방종한 사람은 모든 즐거운 것을 갈망하고... 그리고 다른 모든
것을 희생하면서 이것을 선택하려는 그의 욕구에 이끌린다.

■ 윤리학

성격과
행동

그들이 가진 본성을 만드는 것은 정말 그들의 성격이다. 그러나 그들이 행복하거나 그 반대인 것은 그들의 행동 때문이다.

■ 윤리학

공동의 보석은
파괴하는 자들

나쁜 사람들은… 노동과 공공 서비스에서 자신들의 몫보다 더 많은 이익을 얻는 것을 목표로 한다. 그러나 그들은 자신들의 몫도 차지하지 못한다. 그것은 그의 이웃이 그들을 비판하고 앞을 가로막는 탓이다. 그러면 공동의 보석은 파괴되고 공유할 수 있는 이익은 사라지고 만다. 서로를 강요하고 정의로운 일을 하지 않으려 하는 파벌 상태에 빠진 결과는 비참하다.

■ 윤리학

VIII

일과 삶에 대하여

Aristoteles

인간의 좋은 것을
겨냥한다

모든 기술과 탐구 거기에 따르는 인간의 행위와 선택은 좋은 것을 겨냥한다. 그런 이유로 좋은 것은 인간이 추구하는 목표가 된다. 그런데 이 목표들 사이에는 뚜렷한 차이가 있다. 어떤 것은 활동 자체가 목적인데, 어떤 것은 활용보다는 결과를 목적으로 한다. 활동의 목적이 있을 경우 활동보다. 결과가 더 좋고 선하게 여겨지는 것은 당연한 일이다. 그런데 기술과 탐구 그것의 실천에는 여러 방법이 있고 그 목적 또한 저마다 다르다. 의학의 목적은 건강이고, 조선(造船)의 목적은 배를 만드는 것이며, 병법의 목적은 승리를 얻는 것이다. 경제학의 목적은 부(富)의 축적이다. 그런데 이러한 것들 중에서 으뜸가는 목적은 모든 종속적 행위들의 목적보다 중요하다. 가령 말굴레나 그 밖에 마구(馬具)를 제작하는 것은 승마 기술에 종속되고, 승마를 비롯한 모든 군사행동은 병법에 종속되듯 저마다 다른 기술들이 또 다른 어떤 기술에 종속되는 경우가 그렇다. 커다란 어떤 목적이 다른 목적 종속적 목적 보다 상위에 놓이기 때문이다. 어쨌거나 좋은 것들, 좋다고 연구된 것은 인간이 추구하는 목표가 된다.

■ 윤리학

우리가 그들을
장인이라고 부르는 것은

어떤 기술에서 그 방면의 최고 전문가에게 장인(匠人)이라는 권한을 부여한다. 예컨대 조각가로는 피디아스를, 건축가로는 폴리클레이토스를 우리는 장인, 또는 지혜로운 자라 부른다. 우리가 그들을 장인이라고 부르는 것은 탁월성 이외에 다른 어떤 의미가 있는 것은 아니다. 그런데 우리는 그들을 어떤 특수 분야나 제한된 영역에서 1인자가 아니라 전반적 의미에서 지혜로운 자로 평가하는 경우가 많다. 그래서 호메로스는 그 사람들은 두루 지혜롭다고 노래했던 것 같다.

　　신들은 그를 땅이나 파는 농부로 만들지 않았고
　　다른 어떤 일에서 지혜로운 사람으로도 만들지 않았다.

■ 윤리학

실천적 지혜는 여러 가지
상황을 총괄한다

정치와 실천적 지혜는 같은 것 같으면서 그 존재 양식이 다르다. 국가와 관련된 지혜는 두 가지가 있다. 우선 모든 것을 총괄하는 실천적 지혜는 '입법적 지혜'다. 다른 하나는 개별적 상황을 심의하고 실행하는 '정치적 지혜'다. 정치적 지혜는 생각과 행동을 동시에 해야 한다. 그래서 정치가들은 분주하다. 반면, 실천적 지혜는 여러 가지 상황을 총괄하는 일반적 상황이다. 온갖 세상사에 신경을 쓰는 사람을 실천적 지혜가 있는 사람으로 여겨서 현자라고 부른다. 정치가들을 단지 공연한 일로 동분서주 분주한 사람쯤으로 여긴다. 그래서 에우리피데스는 이렇게 읊조렸다.

어찌 내가 지혜롭다고 할 수 있을까?
무수한 병사들 틈에서
그들과 같은 몫을 받아가며
아무런 실천적 지혜도 발휘할 수 없는데
남달리 높은 것을 꿈꾸고
남달리 많은 일을 하려 했건만…

■ 윤리학

남에게 의지하는 사람은
타인의 소유물이다

같은 인간이라 할지라도 본성적으로 자기 자신에게 속하는 것이
아니라 다른 사람에게 부림을 받는다면 노예의 삶을 살고 있는
것이다. 그런 사람은 다른 사람의 재산이며, 주인이 필요할 때 쓰
는 도구에 지나지 않는다. 그러한 자는 도구에 지나지 않으므로
양도될 수 있다.

■ 정치학

최고의
직업

고도의 기술을 필요로 하는 직업은 우연의 요소가 가장 적은 업종이다. 가장 나쁜 직업은 몸에 큰 손상을 가져다주는 업종이다. 가장 비천한 직업은 육체적인 힘을 가장 많이 사용하는 업종이고, 가장 저급한 직업은 사람다운 우수함을 필요로 하지 않는 업종이다.

■ 정치학

두 가지 재산
획득 기술

재산 획득 기술은 두 가지가 있다. 하나는 상거래와 관련된 것이고, 다른 하나는 가정 운영에 관련된 것이다. 둘 중에 후자는 인간생활에 반드시 필요하고 떳떳한 것인 반면, 전자는 비난을 받아야 할 교환 방법이다. 그것으로 얻는 이득은 자연적으로 만들어진 것이 아니고 다른 사람의 희생을 바탕으로 얻어진 것이기 때문이다. 그중에서도 고리대금이 증오의 대상이 된다. 그들은 화폐의 본래 기능인 유통 과정을 통해서가 아니라 화폐 자체에서 이득을 구하기 때문이다. 화폐는 교환 수단으로 만들어진 것이지 이자(利子)를 낳으라고 만든 것이 아니다. 이자놀이를 하는 자들은 마치 화폐 자체가 목적인 양 그것을 증식시키려고 한다. 이자라는 용어는 '돈이 낳은 돈의 자식(currency the son of currency)'을 뜻하는 데, 이런 이유로 대금업을 흔히 〈새끼를 친다〉라고 부른다.. 마치 새끼가 그 부모를 닮는 것처럼 돈 자체의 양만 늘어난 것이기 때문이다. 그러므로 재산획득의 여러 방식 중에서 대금업은 가장 비자연적인 것이다.

■ 정치학

공유의
문제

국가 구성원은 필연적으로 모든 것을 공유하거나 아무것도 공유하지 않는다. 아니면 일부는 공유하고 어떤 것은 공유하지 않는다. 그런데 국가가 아무것도 공유하지 않는다는 것은 불가능하다. 국가는 근본적으로 사람들의 공동체이며 그 구성원들은 최소한 영토는 공유해야 한다. 그 안에서 시민들은 한 국가를 공유하는 자들이다. 국가가 잘 운영이 되려면 가능한 한 모든 것을 공유하는 편이 나은가, 아니면 어떤 것을 공유로 하고 어떤 것을 사유로 해야 하는가? 플라톤의 『국가』에서 소크라테스는 "시민들은 아내와 자식, 그리고 재산을 공유"하는 것이 필요하다고 주장한다. 따라서 우리의 물음은 현재 대부분의 국가가 취하고 있는 현재의 제도를 그대로 유지하는 것이 좋은가, 아니면 《국가》에 제안된 재산 공유제를 선택해야 하는가 하는 문제가 제기된다.

■ 정치학

재산문제는
인간갈등의 씨앗이다

무엇인가를 자기 것이라고 생각하는 일은 대단한 기쁨을 안겨준다. 인간이 자기 자신과 자신의 것을 사랑하는 것은 지극히 자연스런 감정이다. 이기심은 비난을 받아 마땅한 것이지만 비난의 진정 대상은 이기심 자체가 아니고 지나친 이기심이다. 우리가 수전노를 비난하는 것은 그가 돈을 좋아하기 때문이 아니라 지나치게 아끼는 것이 꼴사납기 때문이다. 자기 자신과 재산, 그리고 돈 같은 것에 애착을 보이는 것은 자연스런 현상이다. 그리고 동료나 손님, 이웃들에게 도움을 주고 호의를 베푸는 것도 매우 즐거운 일이다. 그런데 이렇게 친절을 베풀거나 도움을 주는 것은 사유재산이 있어야 가능하다.

■ 정치학

빈부격차 해소를 위해
욕망을 관리하라

모든 갈등과 분쟁이 재산 문제 때문에 발생한다. 이 문제를 알맞게 규제하는 것이 다른 어떤 것보다 중요하다. 칼케돈의 팔레아스 같은 사람은 시민들의 재산 소유는 균등해야 한다고 처음으로 주장했다. 그는 분쟁을 막기 위하여 모든 시민이 똑같은 양의 재산(즉 토지에 있어서)을 소유하도록 제안했다. 그러나 모두에게 균등한 재산을 배정하더라도 그것은 아무런 소용이 없다. 그런 소유 체계는 인간의 능력과 욕망에 따라 이내 무너지게 마련이다. 차라리 재산을 평준화시키기보다는 사람들의 욕망을 평준화시키는 것이 더 필요하다. 팔레아스는 국가는 재산의 평준화뿐만 아니라 교육의 평준화도 함께 추구해야 한다고 주장하고 있다.

■ 정치학

재산의
평준화 문제

재산의 평준화는 시민들 간의 내분을 막아준다는 이점이 있다. 하지만 전체적으로 볼 때 그 효과는 크지 않다. 첫째, 교육을 받은 사람들은 이 체제에 대해 불만을 품고 자신들이 더 나은 대우를 받아야 한다고 생각할 것이다. 가끔은 바로 이 이유 때문에 혁명과 내분이 야기되기도 한다. 둘째, 재산의 평준화로는 인간의 욕구를 충족시킬 수 없다는 것이다. 사람들은 처음엔 평준화를 받아들이더라도 차츰 더 많은 것을 바라게 된다. 사람의 나쁜 본성은 채울 수 없는 컵과 같다. 욕망이란 한이 없고 대중은 욕망의 충족을 위해서 산다. 시민을 위한 구제책은 재산을 평등하게 나누어 주는 것이 아니라, 차라리 분별력이라는 본성을 일깨워 탐욕을 부리지 않도록 훈련하고, 그래도 탐욕을 부리는 자는 더 큰 몫을 가질수 없도록 제도를 고안해야 하는 것이다.

■ 정치학

아름다움은
인생의 시기마다

아름다움은 인생의 시기마다 다르다. 청년의 아름다움은 경기에서나 체력을 요구하는 온갖 일을 해낼 수 있는 좋은 신체를 소유한 데서 온다. 5종 경기 선수들이 가장 아름다운 이유다. 그들은 힘과 민첩함 두 가지를 다 갖추고 있기 때문에 자신은 물론 다른 사람의 눈을 즐겁게 한다. 성숙한 남자의 아름다움은 힘든 전쟁을 치러낼 수 있고, 삶에 필수적인 일들을 수행하기에는 충분하므로 보기 좋으면서도 경외심을 불러일으킨다. 반면, 노년의 아름다움은 피할 수 없는 삶의 노고를 능히 감당하고, 노년에 공통되게 찾아오는 볼썽사나운 모습에서 벗어나 남에게 폐를 끼치지 않는 것이다.

◆ 당시 5종 경기는 멀리뛰기, 달리기, 원반던지기, 창던지기, 레슬링이었다.

■ 수사학

탁월한
정신력이란?

탁월한 정신력은 구분에 따라 여러 종류로 나뉜다. 하나는 지적인 덕이고, 다른 하나는 윤리적인 덕이라 부른다. 우리는 철학적인 지혜·이해력·실천적인 지혜 같은 것을 지적인 미덕이라 하고, 관대함이나 절제 같은 것은 도덕적인 미덕이라고 부른다. 어떤 사람의 성격에 관해 말할 때 우리는 그가 지혜롭다거나 이해력이 좋다고는 말하지 않고, 성품이 온화하다거나 절제력이 있다는 식으로 말한다. 하지만 우리가 윤리적인 사람만 칭찬하는 것은 아니다. 우리는 지혜로운 사람을 그의 마음가짐 때문에 칭찬하는데, 이처럼 칭찬받을 만한 정신 상태를 우리는 미덕이라 부른다.

사람들이
살아가는 방식

많은 사람은 실제로 어떤 일들을 도모하거나 행하지 않고 말로만 떠벌인다. 그러면서도 자신들은 어떤 철학을 가지 있다고 생각하고, 이런 방식으로 신실한 사람이 될 것이라고 생각한다. 이들의 태도는 의사의 말을 듣기는 하지만 처방전을 전혀 따르지 않는 환자들과 마찬가지 행태다. 이런 식으로 치료를 받는 환자들의 신체가 좋은 상태일 수 없다. 그런 것처럼 이런 방식으로 살아가는 사람들의 영혼 또한 좋은 상태일 수는 없을 것이다.

■ 윤리학

수준의
문제

재산의 수준을 높이기보다는 욕망의 수준을 낮추도록 애쓰는 편
이 오히려 낫다.

재산 획득
기술

가정생활을 꾸려나가는 데는 재산이 필요하다. 재산은 가정의 일부이고, 재산을 획득하는 기술은 가정을 운영하는 기술이다. 생활필수품이 마련되지 않으면 잘살기는커녕 사는 것 자체가 불가능하기 때문이다. 자연이 어떤 것도 불완전하거나 쓸데없이 만들지 않는다고 한다면, 자연에 의해 만들어진 모든 것은 인간을 위해서이다. 예를 들어 양털은 옷감 짜는 사람에게 천을 만드는 원료가 되는 것이고, 청동은 조각가에게 마찬가지 역할을 한다. 그래서 사냥은 재산 획득 기술의 일부이며, 어떤 의미에서 전쟁 기술도 재산 획득 기술의 일종이다. 그리고 재산이나 부(富)가 본성적으로 생활필수품을 마련하기 위한 재산 획득 기술에 의해서 형성된다는 것을 인지해야 한다.

■ 정치학

인간의 탐욕이
문제다

"화폐의 사용이 시작된 후 생필품의 물물교환은 재산 획득의 또
다른 형태인 상업으로 발전했다. 처음에 상업은 아주 단순한 방
식이었으나, 경험을 통해 언제 어떻게 교환해야 최대의 이윤을
남길 수 있는지 알게 되면서 점점 더 복잡한 기술로 변화했다. 화
폐가 도입되면서 재산 획득 기술은 주로 화폐와 관계있는 것으
로, 그리고 나아가서 많은 돈을 벌 수 있는 원천을 알아내는 기술
로 간주되었다. 그래서 재산 획득 기술은 부와 화폐를 낳는 기술
로 이해되고, 부는 다량의 화폐와 동일시되고 있다."

■ 정치학

목표 자체가
수단의 한계

교역이나 상업과 같은 재산 획득 기술에서 생겨나는 부(富)에는 어떤 한계가 없다. 의술(醫術)을 비롯한 그 밖의 다른 기술도 저마다의 목표들을 최대한 달성하기를 원하기 때문에 한계가 없다. 가령, 의술은 무한한 건강을 추구한다는 점에서 그렇다. 그러나 목표를 최대한 달성하기 위해 사용할 수 있는 수단은 어떤 기술도 무한하지 않다. 왜냐하면 목표 자체가 수단의 한계를 설정하기 때문이다. 마찬가지로 교역이나 상업과 같은 재산 획득 기술의 목표에는 한계가 없다. 그것이 추구하는 목표는 오직 화폐 형태의 부를 획득하는 것이다. 그러나 일반인들의 재산관리 기술은 다른 기술에서처럼 한계가 있다. 그들의 목적은 무한정한 부는 아니기 때문에 역시 목표 자체가 수단의 한계를 설정하고 있다. 그런데 실재로는 그 반대의 일이 일어나기도 한다. 즉 교역이나 상업에 통달해서 재산을 획득하는 일을 하는 사람들은 재산을 무한정 늘리려고 쉬지도 않고 끝도 없이 돈을 끌어모으고 있는 것이다.

■ 정치학

목적한 것을
얻는 수단

우리는 목적이 아니라 목적한 것을 얻는 수단에 대하여 숙고한다. 의사는 환자의 병을 치료해야 할지 말지를 숙고하지 않으며 연설가는 청중을 설득을 해야 할지 말지에 대해 숙고하지 않는다. 정치가도 훌륭한 법질서를 세울지 말지에 대해 숙고하지 않는다. 그 밖에, 다른 전문가들 중 누구도 자신의 일을 통해서 성취하려는 목적에 대해서는 숙고하지 않는다. 오히려 그들은 먼저 목적을 설정해 놓고 어떤 수단들을 이용해서 달성할지에 대해 고찰한다. 이때 목적을 달성할 수 있는 수단이 여러 가지 있으면, 그들은 가장 쉽고 가장 훌륭한 수단을 선택한다.

■ 윤리학

실천적 지혜는 살아가는 데
반드시 필요한 것

실천적 지혜는 살아가는 데 반드시 필요한 것이다. 그것은 대국적이고 보편적인 것들에만 관계하는 것이 아니다. 사물들의 세세하고 개별적인 사항도 꿰고 있어야 한다. 왜냐하면 그것은 실생활을 좌우하는 것이고 실천적 지혜는 그 상황과 깊이 관련되어 있기 때문이다. 간혹 배움이 없고 무지해 보이는 사람들이 지식인들보다 현실에서 더 잘 대처하는 경우가 있는 것은 이 때문이다. 특히 세상에의 경험이 다채롭고 눈썰미가 있는 사람인 경우더욱 그렇다.

■ 윤리학

실천적 지혜를
가진 사람

젊은이가 실천적 지혜를 가진 사람이 되기 어려운 이유는 물론 경험의 부족 때문이다. 삶의 지혜란 것은 교과서에서 배우는 전체적인 것에 못지않게 사물의 세세한 부분과 개별적인 사항들에 관련되어 있기 때문이다. 개별적인 것에 대한 지식은 경험에서 비롯된다. 젊은이는 경험이 부족한데, 그 경험을 만들어내는 데는 오랜 시간이 요구된다. 그런 의미에서 어떤 젊은이가 천재적 수학자는 될 수 있지만 철학자나 현자가 될 수 없는 이유도 마찬가지다. 수학은 추상적인 작업의 결과물을 얻어내는 것이지만 철학이나 자연 과학의 지혜는 오랜 시간에 걸친 노력과 축적된 경험으로부터 나오기 때문이다.

■ 윤리학

습관이 인간을
만든다

인간적 미덕이나 탁월함은 훈련과 습관을 통해 얻은 예술이다. 우리는 미덕이나 탁월함이 있기 때문에 올바르게 행동하는 것이 아니라 올바르게 행동했기 때문에 그러한 사람이 된다. 우리는 반복적으로 하는 일을 한다. 그러므로 탁월함은 행위가 아니라 습관이다.

■ 윤리학

비난을
피할 수 있는 방법

세상의 비난을 피할 수 있는 방법은 오직 하나뿐이다. 아무 것도
하지 않고, 아무 말도 하지 않고, 아무것도 되지 않는 것이다.

■ 윤리학

습관의
결과

도덕적 우수성은 습관의 결과로 생겨난다. 우리는 단지 행동을 함으로써, 온화한 행동을 함으로써 절제되고, 용감한 행동을 함으로써 용감해진다.

■ 윤리학

괴상한 일

우리는 평화를 얻기 위해 전쟁을 하듯이 여가를 갖기 위해 여가를 포기한다.

■ 윤리학

습관은 건강과
부의 지혜

날이 밝기 전에 일어나는 것이 좋다. 그러한 습관은 건강과 부와
지혜에 기여하기 때문이다.

■ 윤리학

공유재산에
대하여

소유자가 많을수록 공유재산에 대한 존중은 줄어든다. 사람들은 공동 소유물보다 개인 소유물에 훨씬 더 신경을 쓴다. 그들은 개인적인 영향을 받는 경우에만 공동 소유물에 주의를 기울인다.

■ 정치학

돈을 버는
삶

돈을 버는 삶은 강요에 의해 행해지는 것이고, 부는 분명히 우리가 추구하는 선이 아니다. 왜냐하면 그것은 단지 유용할 뿐이고 다른 것을 위한 것이기 때문이다.

■ 윤리학

최선의 것

부는 우리가 추구하는 최선의 것이 아니다. 왜냐하면 그것은 단지 유용할 뿐이고 다른 것을 위한 것이기 때문이다.

■ 윤리학

IX

젊은이와 교육에 대하여

Aristoteles

모든 인간은 본성상
알기를 원한다

모든 인간은 본성상 알기를 원한다. 그 증거가 감각적으로 느끼는 즐거움이다. 인간은 유용성과 상관없이 그 자체로서 감각을 즐긴다. 다른 무엇보다 눈을 통한 감각을 즐긴다. 왜냐하면 우리가 아무것도 하지 않을 때도 우리는 다른 모든 것들보다, 보는 것을 더 선호하기 때문이다. 그 이유는 감각들 가운데 시각이 사물을 이해하는데 가장 큰 역할을 하고, 사물 사이의 많은 차이점을 밝혀 주기 때문이다.

■ 형이상학

젊은이들의
희망적인 성향은

젊은 사람들은 그들이 삶에 의해 겸손해지거나 필요한 한계를 배우지 못했기 때문에 비난을 받는다. 게다가, 그들의 희망적인 성향은 자신을 위대한 것과 동등하게 생각하게 만든다. 그들은 항상 유용한 행동보다는 고귀한 행위를 하기를 원한다. 그들의 삶은 추론보다 도덕적인 감정에 의해 더 많이 조절된다. 그들은 모든 것을 지나치게 과장한다. 그들은 너무 많이 사랑하고, 너무 많이 싫어하며, 다른 모든 것에도 똑같이 행동한다.

■ 수사학

초역 아리스토텔레스의 말

행복은 공부가
확장되는 한 계속되고

행복은 공부가 확장되는 한 계속되고, 더 많은 사람이 공부할수록, 그는 더 행복하다.

■ 수사학

참된 교육이
필요한 이유

어떤 사람이 그 행위를 함에 있어서 쾌락과 고통을 어떻게 느끼느냐에 따라 그 사람의 품성이 드러난다. 육체적 쾌락을 멀리하고 그 자체에서 기쁨을 느끼는 사람은 절제 있는 사람이다. 반면 육체적 쾌락을 멀리했을 때 괴로워하는 사람은 수양이 필요한 사람이다. 그리고 위험한 일에 맞서기를 즐기거나 적어도 그 일이 괴롭지 않은 사람은 용감한 사람이다. 반면 그러한 일이 싫어서 피하거나 고통스러운 사람은 겁쟁이이거나 비겁한 사람이다. 도덕적 미덕은 쾌락이나 고통에 관계된다. 우리는 쾌락 때문에 나쁜 일을 하고, 고통 때문에 고귀한 일을 피한다. 그래서 플라톤의 가르침대로, 우리는 어릴 때부터 마땅히 기쁨을 느껴야 할 것에 기쁨을 느끼고, 마땅히 괴로워해야 할 것에 괴로워할 줄 알도록, 어떤 방법으로든 교육을 받아야만 한다. 이것이야말로 참된 교육이다.

■ 정치학

선한 사람은 올바른
선택을 하지만

도덕적 미덕과 악덕은 쾌락과 고통에 깊이 관련되어 있다. 우리가 선택할 수 있는 카드는 세 가치가 있는 데 고상한 것, 유용한 것, 즐거운 것을 취하는 행위다. 반대로 부끄러운 것, 해가 되는 것, 고통스러운 것은 우리가 회피하는 것들이다. 이것들과 관련해서 선한 사람은 올바른 선택을 하지만, 나쁜 사람은 잘못된 선택을 한다. 특히 쾌락과 관련해 그렇다. 쾌락은 모든 동물에게 공통된 것이며, 우리가 선택하는 모든 일에 따라다니기 때문이다. 고상한 것과 유용한 것을 선택하는 것도 그것에 따르는 쾌락을 수반한다. 쾌락은 우리가 어렸을 때부터 함께 자라 온 것이다. 우리 생활 속에 스며든 쾌락을 떨어낸다는 것은 쉬운 일이 아니다. 사람에 따라 차이는 있지만, 심지어 우리는 쾌락과 고통을 행위의 기준으로 삼고도 있다. 따라서 우리의 탐구도 처음부터 끝까지 이런 감정에 관한 것이어야 한다. 우리가 즐거움이나 고통을 느끼는 방법이 옳은가 그른가는 우리 행동에 적지 않은 영향을 미치기 때문이다.

■ 정치학

미덕은 감정이나 능력이 아니라
올바른 마음가짐

✦ 미덕은 감정이나 능력이 아니라 올바른 마음가짐이다. 그것은 인간의 정신 속에 깃드는 세 가지 즉 감정, 능력, 성품이다. 따라서 미덕은 그중 하나일 것이다. 감정이란 욕망, 분노, 두려움, 자신감, 질투, 환희, 사랑, 증오, 동경, 경쟁심, 연민 등 쾌락이나 고통이 따르는 심적 상태를 말한다. 능력이란 우리가 이런 감정들을 느낄 수 있게 해주는 감수성으로 예를 들면 분노나 슬픔이나 연민을 느낄 수 있게 하는 능력들이다. 성품이란 우리가 이런 감정들에 대해 잘 처신하거나 잘못 처신하게 만드는 심적 상태를 의미한다. 예컨대 우리가 분노와 관련해서 적절히 분노하고 있다면 우리는 처신을 잘 하고 있는 것으로, 좋은 성품을 지닌 것이다. 이는 다른 감정들의 경우도 마찬가지다.

■ 정치학

미덕은 인간을 선한
인간으로 만들어 준다

◆ 미덕이란 그저 하나의 성품이 아니라 탁월성에 이르게 하는 일종의 마음가짐이다. 그래서 미덕은 그것을 지니고 있으면 좋은 상태에 이르게 되고, 또 그 기능을 잘 발휘시켜 주는 것이라 할 수 있다. 예를 들면 눈(眼)이 지닌 미덕은 눈과 눈의 기능을 좋게 해서 사물을 더 잘 보게 한다. 마찬가지로 말(馬)이 지닌 미덕은 말을 좋은 말이 되게 하여 잘 달리게 하고, 말 타는 사람을 잘 태우고, 또 적의 공격에 잘 대비하도록 해 준다. 이런 규칙이 모든 경우에 적용된다면, 인간의 미덕은 인간을 선한 인간으로 만들어 주고, 인간고유의 기능을 잘 수행할 수 있게 해 주는 마음가짐에 이르게 될 것이다.

■ 정치학

실천적 지혜를
가진 사람

실천적 지혜가 뛰어난 사람은 자신에게 좋은 것과 유익한 것에 대하여 잘 숙고하는 재주가 있다. 그것은 건강이나 체력에 무엇이 좋은지 유념하는 부분적인 것이 아니라, 전체적으로 훌륭한 삶을 살아가는 데 무엇이 좋고 유익한지 잘 생각하고 처신한다는 뜻이다. 이것을 보여 주는 징표로, 그는 '오직 그 방식 외에는 다른 방식으로 존재할 수 없는 것들'에 관해서는 숙고하지 않는다. 또한 자신이 행위할 수 없는 것에 대해서도 고민하지 않는다. 일반적으로 깊이 생각하고 자신의 한계를 알고 자신의 분수만큼 일할 수 있는 사람은 실천적 지혜를 가진 사람이다.

■ 윤리학

도취

젊은이들은 삶이 달콤하고 한창 성장하고 있기 때문에 영구적인
도취와 같은 상태에 빠져있다.

■ 수사학

배움에서
생기는 쾌락

생각과 배움에서 생기는 쾌락은 우리를 더욱 생각하고 배우게 할
것이다.

■ 윤리학

탁월함의
이상

어떤 특정한 기술이나 직업에는 탁월함의 이상이 있다. 마찬가지로 우리는 인간으로써 성취할 수 있는 탁월한 미덕이 있어야 한다. 즉, 우리는 그 직업에 있어서뿐만 아니라, 훌륭하다고 평가될 수 있는 방식으로 우리의 삶 전체를 충만하게 살아가야 한다. 우리가 인간다운 삶을 성취할 수 있을 만큼 능력을 충분히 개발해야만 비로소 우리는 행복의 축복을 받은 삶을 누릴 수 있다.

■ 정치학

일의 시작

우리가 무언가를 원하는 경우, 필요해서라가보다 단지 그것이 좋다고 믿기 때문이다. 우리가 그것을 소유하게 되면 우리가 어떤 미덕을 갖춘 선한 존재가 된다는 바람 때문이다. 일을 시작하는 것은 바로 그 생각에서다.

■ 형이상학

젊은이의
경향

젊은이는 도덕철학의 적임자가 아니다. 젊은이는 인생의 경험이 별로 없어서 모든 것에 호기심이나 관심은 많지만 열정과 충동에 휩싸여 일을 그르치기 쉽다. 그는 귀가 얇고, 이익이 없는 것에 몰두하는 경향이 많다. 열정의 손짓과 부름에 따라 살고, 그때그때 마주치는 대상을 따라가는 결점이 있다. 불완전한 자제력을 가진 그들이 자기 통제력을 갖기까지는 많은 시간과 경험이 필요하다.

■ 윤리학

교육받은
사람의 표식

주체의 본질이 인정하는 한, 각 계층의 사물에서 정확성을 찾는
것은 교육받은 사람의 표식이다. 수학자에게 개연성 있는 추론을
받아들이고 수사학자에게 과학적 증거에 요구한다는 것은 명백
히 어리석은 짓이다.

■ 윤리학

더 큰 우정

"사람이 친구일 때는 정의가 필요하지 않지만, 공정이 필요 할 때
는 더 큰 우정이 더 필요하다. 정의로운 영역에서 가장 정의로운
것은 그런 우정을 포함하는 것 같다.

■ 윤리학

X

시와 예술에 대하여

Aristoteles

이야기의 시작은 그 자체가
인과적 필요에 의해

이야기의 시작은 그 자체가 인과적 필요에 의해 어떤 것도 따라
가지 않는다. 그 후에 어떤 것이 자연적으로 존재하거나 생겨나
는 것이다. 반대로 이야기의 끝은 그 자체의 필요에 의해, 또는
규칙에 의해서 자연스럽게 따르는 것이다. 이야기의 중간은 다른
것이 그것을 따라갈 때 어떤 것을 따르는 것이다. 따라서 잘 짜여
진 줄거리는 허허벌판에서 시작하거나 끝나서는 안 되고, 이러한
원칙에 따라야 한다.

■ 시학

이성적인 말을 사용하는 것이
팔다리를 사용하는 것보다

사람은 팔다리로 자신을 방어할 수 없는 무능함은 부끄러워한다. 하지만 말과 이성으로 자신을 방어할 능력이 없다는 것은 부끄러워하지 않는다. 합리적인 말과 이를 사용하는 것이 팔다리를 사용하는 것보다 인간을 더 뚜렷하게 만든다.

■ 수사학

인간의 생각을 생각하고 인간의 생각을 생각하는 인간이 되는 것

우리는 인간의 생각을 생각하는 사람이라고 조언하는 사람들의 말을 듣지 말아야 한다. 인간적인 생각을 하는 데 불멸적인 존재라고 떠벌이는 사람들의 말을 들어서는 안 되지만, 가능한 한 우리가 가진 것 중 가장 좋은 것을 살려서 살기 위해 모든 신경을 긴장시켜야 한다. 그것은 물량적으로 작지만, 그 힘과 명예가 다른 모든 것을 능가하는 것이다.

■ 윤리학

시는 자연의 행복한 선물이거나
광기의 한 종류

따라서 시는 자연의 행복한 선물이거나 광기의 한 종류를 암시한다. 한 가지 경우에는 어떤 인물의 인격의 틀을 잡을 수 있고, 또 다른 경우에는 자아에서 적절하게 해방된다.

■ 시학

시는 역사보다
더 철학적

시인의 기능은 일어난 일이 아니라 일어날 수 있는 일을 묘사하는 것이다. 즉, 가능성이 있거나 필요하다고 할 수 있는 것이 무엇인지 예언하는 일이다. 그래서 시는 역사보다 더 철학적이며 더 중대한 의미를 갖는다. 왜냐하면 시적 진술은 겉으로 드러난 현상보다는 본질을 진술하기 때문이다.

■ 시학

예술의
효과

예술의 목적 내지 효과는 카타르시스에 있다.

모방의
즐거움

일반적으로 시(詩)는 인간 본성에 뿌리내린 두 가지 본성에서 생겨난다. 첫째, 인간은 어릴 때부터 모방(미메시스)을 하며, 즐거움을 느낀다. 인간은 극히 모방적이며, 모방이나 흉내 내기를 통해서 그의 지식의 첫걸음을 내딛는다는 점에서 다른 동물들과 다르다. 둘째, 모든 인간은 모방에 의해 재현된 것들에서 즐거움을 얻는다는 점이다. 인간은 자연적인 조화와 리듬에서뿐만 아니라 모방으로 만들어진 것들에서도 즐거움을 얻는다. 이러한 사실은 경험으로 증명되고 있다. 우리는 아주 혐오스러운 동물이나 시체의 형체처럼 실물을 보면 불쾌감만 주는 대상이라도 더없이 정확히 그려 놓았을 때는 즐거움을 느낀다. 무엇을 배운다는 것은 철학자뿐만 아니라 일반 사람들에게도 큰 즐거움이기 때문이다. 그들이 배움의 능력이 적고 이해력이 미치지 못한 경우라 해도 마찬가지다. 그림을 보고 즐거움을 느끼는 것은 그것을 봄으로써 배우고 깨우치기 때문이다.

■ 시학

잘 모방된 작품은
즐거움의 대상

우리는 배움이나 모방이 즐겁기 때문에 그와 관련된 일에 몰두한다. 가령 그림을 그리거나 조각하거나 시를 짓는 일 같은 모방 행위를 자연스럽게 즐긴다. 설령 모방의 대상 자체가 마음에 들지 않더라도 잘 모방된 작품은 즐거움의 대상이다. 모든 훌륭한 모방물은 기분 좋은 것들이다. 결과적으로 우리는 이러한 사실에서부터 어떤 것을 배운다. 모방을 통해 '이것이 이런 것이었군' 하고 추론하는 과정에서 뭔가를 배워가며 즐거움을 느끼는 것이다. 왜냐하면 거기에는 찬사를 보낼만한 많은 요소들이 숨어 있기 때문이다. 이렇게 자연에 조응하는 것은 기분 좋은 것이고, 더구나 동종의 것들은 그것들 사이에서 자연적인 관계를 맺고 있다. 이를테면 인간은 인간끼리, 말은 말끼리, 젊은이는 젊은이들 끼리 즐겁다. 그래서 다음과 같은 속담이 생겨난 것이다.

동년배에게는 동년배가 즐겁다.
끼리끼리 어울린다.
짐승은 짐승끼리 알아본다.
까마귀는 까마귀끼리 어울린다.

■ 수사학

코미디와
비극

코미디는 남자를 실제보다 더 나쁘게, 비극은 실제 삶보다 더 잘
표현한다는 것을 목표로 한다.

■ 시학

시는
우주적이다

시는 역사보다 더 정교하고 철학적이다. 시는 보편적인 것을 표현하고, 역사는 특정한 사실만을 표현하기 때문이다.

■ 시학

은유의
명령

가장 위대한 것은 은유법을 구사하는 것이다. 은유의 명령 없이는 다른 사람에게 전할 수 없다. 좋은 은유를 만드는 것은 사물을 꿰뚫어 보는 안목을 암시하기 때문에 천재의 표시다. 그것은 다른 사람들로부터 배울 수 없는 유일한 것이다.

■ 시학

가능성

이미 발생한 일이 아니라 일어날 수 있는 일을 예언하는 것이 시인의 기능이다. 어쨌든 시인은 가능성이 없는 가능성보다 가능성이 있는 가능성을 선호해야 한다.

■ 시학

수수께끼의
본질

수수께끼의 본질은 불가능한 조합으로 진정한 사실을 표현하는 것이다.

■ 시학

재미있는
사람들

그들은 재미있는 일을 좋아하기 때문에 재치가 있고, 세상을 바라보는 시선에도 재치가 있어서 세상을 비꼬는 듯해서 건방져 보이는 사람들이다.

■ 수사학

특별한 재능을
가진 사람

시인은 자신의 성격을 그대로 보여주는 몸짓으로 자신의 이야기를 한다. 타고난 자질을 감안할 때, 묘사해야 할 감정을 느끼는 사람이 가장 설득력이 있을 것이다. 예를 들어, 고통과 분노는 현재 그것을 느끼고 있는 사람에 의해 가장 진실하게 묘사된다. 따라서 시는 특별한 재능을 가진 사람이나 그 밖의 광기를 가진 사람을 필요로 한다. 전자는 요구되는 분위기를 쉽게 짐작할 수 있고, 후자는 실제로 감정에 사로잡혀 있을 수 있다.

■ 시학

무엇을 모방할
것인가

인간을 모방하는데 모방자는 행동하는 인간을 모방의 대상으로 삼는다. 그런데 행동하는 인간은 때에 따라 뛰어나거나 모자라거나 둘 중 하나이다. 인간의 성품이 거의 언제나 이 두 가지 범주에 속하는 것은, 모든 인간은 미덕과 악덕으로 그 성품이 구별되기 때문이다. 따라서 모방의 대상이 되는 행동하는 인간은, 반드시 선인이든지, 악인이든지, 혹은 그 중간인 우리와 비등한 보통 사람이다. 이렇듯 비극과 희극의 차이가 바로 여기에 있다. 희극은 우리만 못한 인간을 모방하려 하고, 비극은 우리보다 더 나은 인간을 모방하려 한다.

■ 시학

비극은 인간을
모방하는 것이 아니다

드라마(詩劇)에서 가장 중요한 것은 사건의 결합, 즉 플롯이다. 비극은 인간을 모방하는 것이 아니라, 인간의 행동과 삶, 행복과 불행을 모방한다. 그리고 행복과 불행은 행동 가운데 있으며, 비극의 목적도 일종의 행동이지 성질은 아니다. 인간의 성질은 성격에 의하여 결정되지만, 행·불행은 행동에 의하여 결정된다. 그러므로 드라마에 있어서의 행동은 성격을 묘사하기 위한 것이 아니다. 오히려 성격이 행동을 위하여 드라마에 포함되는 것이다. 따라서 사건의 결합, 즉 플롯이 비극의 목적이다. 행동 없는 비극은 불가능하겠지만, 성격 없는 비극은 가능할 것이다.

■ 시학

운명의
변화

주인공의 운명의 변화가 반전이나 급전없이 밋밋하게 이루어질 때 이를 단순한 행동이라 하고, 주인공의 운명의 변화가 반전이나 급전, 또는 이 양자를 다 동반하여 이루어질 때 복잡한 행동이라 한다. 그런데 이러한 급반전은 플롯의 구성 그 자체로부터 발생해야만 한다. 따라서 선행 사건의 필연적 또는 개연적 결과라야 한다. 한 사건이 다른 사건으로 '인하여' 일어나는 것과, 다른 사건에 '이어서' 일어나는 것 사이에는 큰 차이가 있다.

초역 아리스토텔레스의 말

현대인들의 삶에 시금석이 될 진실을 탐하다

초판 인쇄 2021년 01월 22일
초판 발행 2021년 02월 08일

지은이   이채윤
기획   엔터스코리아 (책쓰기 브랜딩스쿨)
펴낸곳   읽고싶은책 (제2020-000044호)
펴낸이   오세웅
편집   권윤주
디자인   권희정

주소   서울시 관악구 신림로340 르네상스복합쇼핑몰 7층 707-4호
이메일   modubig@naver.com
홈페이지   https://modubig.modoo.at/

※ 누구나 읽고 싶어하는 책을 만드는 도서출판 읽고싶은책

※ 도서출판 읽고싶은책과 함께 할 작가님을 모십니다.
  이메일로 원고 접수받아 검토 후 연락드립니다.

책값은 뒤표지에 표기되어 있습니다.

ISBN   979-11-971209-8-5   03190